Sahnestücke

Wir danken allen, die mit viel Einsatz und Engagement zur Entstehung dieses Buches beigetragen haben:

Hartmut Kiesewetter, Kathrin Kiesewetter, Caroline Kiesewetter, Ralf Stech, Frauke und Friedel Köster, Karin Herbst, Silke Richert, Helene Richert, Kerstin Meurer, Ulrike Albrecht, Sandra Seidel, Hannelore von Witzendorff, Claudia Hardekopf-Daene, Tina Benz, Susanne Verbeek, Veronika Röttger, Dagmar und Stefan Jensen, Kathrin Petersen, Amelie Brakel, Britta Tretow-Britt, Maren Nielsen, Sonja Karberg, Barbara Banaschewski, Justina Johnson, Elke und Fabian Lorenzen, Karin Humfeld, Trautchen Lau, Birte Biss, Clare Döhring-Schogs, Christl Klausenitzer, Petra Lucht, Antje Eichler, Slawomir Musiolik, Ruzica Boccardo, Heike Bolten, Uta Janbeck, Katja Hackert, Ernst-Otto Wilkens, Liliane Hansen, Kathrin Dehn-Schumacher, Melanie Wiegel, Berit Wilkens, Dörte Rißler-Gülck, Gabriele und Lutz-Henning Walter, Doris Beyer, Nicole Grünewald, und nicht zu vergessen Hartmut Tamcke, der mich als Journalist seit 23 Jahren mit seinen wunderbaren Fotos und Zeitungsberichten begleitet.

Einen ganz besonderen Dank an Jan Lage für seine spontane, großartige Hilfe.

Ein extra großes Dankeschön gebührt meiner Freundin Frauke Köster vom Gartencafé in Süderdeich, die acht tolle Sahnestücke für unser Cover-Foto kreierte.

BOYENS
BUCHVERLAG

ISBN 978-3-8042-1489-7

Autorin: Marion Kiesewetter
Redaktion: Marion Kiesewetter
Fotos: Ursula Sonnenberg, Hans Dieter Kellner
Cover: Torten aus Frauke Kösters Gartencafé
Promotion: Hartmut Kiesewetter
Herstellung: Boyens Buchverlag
Herstellungsbetreuung: Heidrun Bielert
Gestaltung und Layout: Dörte Kromrei
Druck und Bindung: Neografia
Printed in EU

Marion Kiesewetter

Sahnestücke

Meine Lieblingsrezepte
aus norddeutschen Cafés

Fotos von Ursula Sonnenberg
und Hans Dieter Kellner

BOYENS

Lage der Cafés

Inhalt

Liebe Sahnetortenfans,

nach zehn Folgen meiner Cafébuch-Reihe ist es für mich Zeit, erste Bilanz zu ziehen.
Ich bin eine „Seute Snabbelsnuut“ und liebe Süßes in allen Variationen. An einer leckeren Sahnetorte kann ich insbesondere nicht vorbeigehen. Deshalb habe ich für dieses Buch aus über 100 Cafés der Serie meine absoluten Lieblingssahnetorten zusammengestellt. Echte Sahnestücke! Die Konditorinnen haben sich wirklich mit ihren ausgefallenen Zubereitungen selbst übertroffen.
Natürlich dürfen dabei die Klassiker wie Schwarzwälder Kirschtorte, Zitronenrolle oder die Trümmertorte nicht fehlen, aber auch extravagante Rezepturen habe ich dabei für mich entdeckt. Ich bin den Konditorinnen sehr dankbar, denn für Sie stellten sie mir ihre Rezepte zur Verfügung. Mit großer Freunde schickten sie mir außerdem private und lustige Selfies für dieses Buch – eine schöne Bereicherung.
Und jetzt heißt es, die Torten nachzubacken, Ihre Kaffeetafel damit zu krönen und dann den Gaumenschmaus zu genießen. Oder gehen Sie einfach auf Café-Tour und lassen sich vor Ort in den zauberhaften Cafés Norddeutschlands mit den Köstlichkeiten verwöhnen.

Dafür wünsche ich Ihnen viel Spaß und guten Appetit, „aber bitte mit Sahne“.

Ihre Marion Kiesewetter

Gartencafé

Limetten-Torte

Biskuit:

6 Eier
120 g Zucker
100 g Mehl
100 g Speisestärke
1½ TL Backpulver

Eier und Zucker 10–15 Minuten schaumig schlagen. Mehl, Speisestärke und Backpulver vermischen, darübersieben und unterheben. Eine 30-cm-Springform mit Backpapier auslegen. Teig hineinfüllen und im vorgeheizten Backofen bei 160 °C ca. 30–35 Minuten backen. Anschließend aus dem Ofen nehmen, Ring entfernen und auskühlen lassen. Biskuitboden auf eine Tortenplatte setzen und einmal waagerecht durchschneiden. Den unteren Boden mit einem Tortenring umlegen.

Vorbereitung:

6 gr. Limetten (unbehandelt)
100–120 g Zucker

Limetten waschen, abtrocknen. Schale mit einer Reibe abreiben und mit dem Zucker vermischen. Zugedeckt beiseite stellen. Limetten anschließend auspressen.

Füllung:

600 ml Schlagsahne
3 Pck. Sahnesteif
500 g Naturjoghurt
3 EL Vanillezucker
Saft der Limetten
2 Beutel Sofort-Gelatine

Sahne und Sahnesteif steif schlagen. Joghurt, Vanillezucker, Limettensaft und Gelatine miteinander verrühren. ⅔ der Sahne unterheben. Füllung auf dem unteren Boden verstreichen. Den zweiten Boden darauflegen, restliche Sahne darauf verteilen und glattstreichen. Anschließend 3 Stunden in die Kühlung stellen. Tortenring entfernen. Kurz vor dem Servieren mit Limetten-Zucker bestreuen. Wer Lust hat, kann den Rand mit Limettenscheiben dekorieren.

Zehn Jahre ist es her, dass Frauke Köster 2008 ihr zauberhaftes Gartencafé in Süderdeich eröffnete, und ich durfte bei der Entstehung dabei sein.

Immer wieder wurde sie von Urlaubern angesprochen: „Wo gibt es denn hier ein nettes Café?“ Diese Frage erweckte in ihr die Idee, eines zu eröffnen. 2007 startete sie, um alles in die Tat umzusetzen. Es wurde gewerkelt und dekoriert, Tortenrezepte wurden kreiert und ausprobiert, und ich war ihre Testperson. Da lag es natürlich nahe, sie in das erste Café-Buch *Eine Sünde wert* mit hineinzunehmen. Zur Fotoproduktion hatte das Café aber noch nicht viel Ähnlichkeit mit dem heutigen Aussehen. Wir mussten ein wenig mogeln, denn die Räumlichkeiten waren zum Zeitpunkt unseres Fotoshootings noch gar nicht fertig. Aber dennoch haben Ursula Sonnenberg und Hans Dieter Kellner, meine Fotografen, die Kuchen und Torten wunderbar in Szene gesetzt. Am 1. April 2008 war Eröffnung und gleichzeitig die Präsentation unseres ersten Café-Buches. In Fraukes Gartencafé konnten wir es den vielen Gästen und Freunden vorstellen. Im Café-Buch *Süße Augenblicke* stellte ich ihre Limetten-Torte vor – sie ist noch heute mein Favorit.

Der traumhafte Garten lädt zum Verweilen ein, und ist das Wetter mal nicht so freundlich, kann man in die alte Kaffeestube ausweichen und die berühmten Riesentortenstücke genießen. Durch die TV-Sendung „Mein Nachmittag“ (NDR-Fernsehen), in der sie drei Jahre lang einmal im Monat ihre Tortenkreationen vorstellte, wurde sie weit über Dithmarschens Grenzen hinaus bekannt. Man findet ihr Café an der Westküste Schleswig-Holsteins auf dem Weg von Büsum nach St. Peter-Ording. Beim Vorbeifahren fallen einem vor dem Haus ein Puppenpaar in Lebensgröße sofort auf: Oma und Opa auf der Gartenbank. Hier einzukehren, die Seele baumeln zu lassen und durch liebevolle Gastlichkeit optimal aufzutanken, kann ich von ganzem Herzen empfehlen.

Hof Café Groß Niendorf

Erdbeer-Tortentraum

Biskuit:

4 Eigelb
125 g Zucker
4 Eiweiß
1 Prise Salz
75 g Mehl
50 g Speisestärke
¼ TL Backpulver

Eigelb mit Zucker solange schlagen, bis die Ei-Zuckermasse hellgelb und cremig ist. Eiweiß mit etwas Salz aufschlagen, bis eine feste Konsistenz erreicht ist. Ei-Zuckermasse und Eischnee vermengen. Mehl, Stärke und Backpulver vermischen, darübersieben und unterheben. Teig in eine mit Backpapier ausgelegte 28-cm-Springform füllen und bei 160 °C ca. 30 Minuten backen. Anschließend auskühlen lassen. Danach den Biskuitboden auf eine Tortenplatte setzen, einmal waagerecht durchschneiden und mit einem Tortenring umlegen.

Füllung:

700 g Erdbeeren
6 Blatt Gelatine
500 ml Milch
1 Pck. Vanille-Puddingpulver
3 Pck. Vanillezucker
500 ml Schlagsahne, geschlagen
200 ml Schlagsahne, geschlagen
Erdbeeren zum Verzieren

Erdbeeren waschen, putzen und klein schneiden. Gelatine in kaltem Wasser einweichen.
Aus Milch, Puddingpulver und Vanillezucker einen Pudding kochen. Ausgedrückte Gelatine einrühren, bis sie sich aufgelöst hat. Danach abkühlen lassen. 500 ml geschlagene Sahne mit der Vanillecreme vermengen. Erdbeeren unterheben. Erdbeercreme auf dem unteren Boden verstreichen und den oberen Boden als Deckel darauf legen. Mit 200 ml Schlagsahne und Erdbeeren verzieren.

Der Zufall steht mir oft zur Seite, um Cafés für meine Café-Bücher zu finden. So geschah es auch, als ich auf dem Weg von Norderstedt nach Bad Segeberg war. Ich wollte in dem kleinen Ort Groß Niendorf nach dem Weg fragen und hielt an einem wunderschönen, gepflegten alten Bauernhof an. Ein sehr netter Herr, der sich gerade im Garten befand, konnte mir helfen, und nach einer Weile sagte er: „Sind sie nicht Marion Kiesewetter, die die interessanten Café-Bücher schreibt? Wir sind große Fans und besitzen einige davon.“ Dabei stellte sich heraus, dass ich mich auf dem Grundstück des Hof Café Groß Niendorf befand. Da sah ich auch schon das große Schild im Garten, dieses hatte ich vorher übersehen, und wir mussten furchtbar lachen. Das Café hatte leider geschlossen, aber meine Neugier war groß, und ich wollte es mir auf jeden Fall ansehen. Herr Humfeld bat mich ins Haus, und seine Frau Karin gesellte sich hinzu. Die Räumlichkeiten gefielen mir sofort. Hier wird Wert gelegt auf den original bäuerlichen Stil – einfach gemütlich. Im Sommer kann man den traumhaften Bauerngarten genießen. Wir fanden uns sympathisch und verabredeten ein Foto-Shooting für das Café-Buch *Auf die süße Tour*, wenn alles grünt und blüht. Was für ein Glücksfall für mich, und ich fuhr fröhlich von dannen. Bei traumhaftem Wetter war es dann so weit, und wir konnten loslegen – danke Petrus. Alle Kuchen und Torten hatte Karin schon fertiggestellt. Sie standen in der Kühlung und warteten auf ihren großen Auftritt. Ursula beschloss, den Erdbeer-Tortentraum im Garten zu fotografieren. Das hieß wieder, Möbel von A nach B zu schleppen, aber das kennen wir ja schon, und es gehört zu unserem Job. Das kulinarische Angebot von Karin ist vielseitig, und alle Torten und Kuchen sind natürlich selbst gebacken.

Eigentlich wollte ich nur nach dem Weg fragen, und heraus kam eine sehr schöne, zufällige Geschichte vom Hof Café Groß Niendorf.

Burger Fährhaus

Schoko-Amaretto-Torte

Biskuit:
6 Eier
200 g Zucker
50 ml Wasser
200 g Mehl
50 g Kakao
1 Pck. Backpulver

Füllung:
800 ml Schlagsahne
150 g Zartbitter-Kuvertüre
40 ml Amaretto

Eier und Zucker schaumig schlagen, bis sich die Menge verdoppelt hat. Das Wasser langsam dazugeben. Mehl, Kakao und Backpulver vermischen und unter die Eimasse heben. Teig in eine mit Backpapier ausgelegte 26-cm-Springform füllen und im vorgeheizten Backofen bei 175 °C 40 Minuten backen. Danach auskühlen lassen. Boden auf eine Tortenplatte setzen und zweimal waagerecht durchschneiden.

Sahne und Kuvertüre am Vortag aufkochen, bis die Schokolade geschmolzen ist. Über Nacht in den Kühlschrank stellen. Am nächsten Tag aufschlagen und den Amaretto dazugeben. 2/3 der Sahne auf den Böden verteilen und aufeinandersetzen. Torte mit der restlichen Sahne verzieren.

Wenn ein neues Buch aus meiner Café-Buch-Reihe auf dem Markt erscheint, veranstalten wir immer in einem der Cafés eine Buchpräsentation mit allen beteiligten Konditorinnen. Bei meinem jüngsten Café-Buch *Süßes zum Anbeißen* luden der Boyens Buchverlag und ich in das Burger Fährhaus am Nord-Ostsee-Kanal ein. Viele Städtenamen gibt es mehrmals in Deutschland. Zum Beispiel gibt es 21-mal Neustadt. Aber auch Burg kommt mehrmals in unserem Land vor. Wir wunderten uns, dass einige unserer Konditorinnen sehr spät oder gar nicht eintrudelten. Später fand ich heraus, dass manche nach Burg auf Fehmarn gefahren waren und nicht nach Burg in Dithmarschen. Das fanden wir natürlich sehr schade. Aber wir holten unser Treffen nach, dafür mögen wir uns alle viel zu sehr. Zum Glück waren die Konditorinnen nur nach Fehmarn gefahren und nicht nach Burg an der Mosel.

Es schlug ein wie ein Blitz und war Liebe auf den ersten Blick, als Veronika und Kai Röttger bei einer Fahrradtour entlang des Nord-Ostsee-Kanals in Burg auf der gegenüber liegenden Seite das wunderschöne Fährhaus entdeckten. Sie konnten es kaufen und machten daraus ein wahres Schmuckkästchen. Es lädt seine Gäste zu Speis, Trank und gemütlicher Übernachtung ein. Auf der einzigartigen großen Terrasse genießt man Kaffee und Kuchen aus Veronikas Zauberküche. Allen voran ihre Schoko-Amaretto-Torte. Mit Blick auf den Kanal mit großen Pötten, Containertschiffen und Seglern kann man hier das von Kai eigens gebraute „Fährhausbräu“ genießen und sich in ferne Weltregionen träumen. Der Besuch im Burger Fährhaus wird zu einem unvergesslichen Erlebnis.

Café Lindauhof

Johannisbeer-Torte

Dunkler Biskuit:

6 Eier
210 g Zucker
5 EL Wasser
190 g Mehl
80 g Speisestärke
1 TL Backpulver
40 g Kakaopulver

Eier, Zucker und Wasser ca. 10 Minuten schaumig schlagen. Mehl, Stärke, Backpulver und Kakao vermischen, darübersieben und langsam unter die Ei-Masse heben. Teig in eine mit Backpapier ausgelegte 26-cm-Springform füllen und im vorgeheizten Backofen bei 155 °C ca. 40 Minuten backen. Anschließend gut auskühlen lassen. Boden auf eine Tortenplatte setzen und zweimal waagerecht durchschneiden. Den unteren Boden mit einem Tortenring umlegen.

Tränke:

4 cl Johannisbeerlikör
4 cl Läuterzucker

Likör und Läuterzucker verrühren.

Creme:

300 g Johannisbeeren
200 g Sauerrahm oder Joghurt
150 g Frischkäse
150 g Zucker
8 Blatt Gelatine
125 ml Schlagsahne, geschlagen
100 g Johannisbeeren

300 g Johannisbeeren abbrausen und gut abtropfen lassen. Anschließend pürieren und durch ein Sieb streichen. Sauerrahm mit Frischkäse und Zucker gut verrühren und das Johannisbeermus unterheben. Gelatine in kaltem Wasser einweichen, ausdrücken, bei schwacher Hitze auflösen und rasch unterrühren. Sahne unterheben.
Den unteren Boden mit etwas Likör und Läuterzucker beträufeln und ein Drittel der Creme darauf verteilen. Mit dem zweiten Boden belegen und ebenso verfahren. 100 g Johannisbeeren auf der zweiten Creme verteilen. Mit dem dritten Boden belegen und mit dem letzten Drittel der Creme bestreichen. Torte im Kühlschrank fest werden lassen. Danach aus dem Ring lösen.

Garnitur:

500 ml Schlagsahne
50 g Zucker
100 g Johannisbeeren
Pfefferminzblättchen

Sahne mit dem Zucker steif schlagen. Tortenoberfläche mit einem Drittel der Sahne einstreichen und den Rest in einen Spritzbeutel mit Lochtülle füllen. Auf die Torte ein Karomuster spritzen. Oberfläche und Rand nach Belieben mit Johannisbeeren, Pfefferminzblättchen u. a. dekorieren.

Sehr oft werde ich bei Interviews gefragt, nach welchen Kriterien ich die Cafés für meine Bücher auswähle. Da stehen die Qualität und der Geschmack der Torten und Kuchen natürlich an erster Stelle. Wo liegt das Café? Gibt es eine interessante Historie? Gefällt mir das Ambiente? Das Wichtigste für mich ist aber die Inhaberin und ob die Chemie zwischen uns stimmt. Wir müssen uns sympathisch sein, denn unsere Zusammenarbeit vor Ort beim Foto-Shooting ist sehr intensiv, da muss alles stimmen. Jeder von uns gibt sein ganzes Herzblut. Alle diese Punkte trafen hier zu.

In Lindau bei Kappeln, in der lieblichen Landschaft Angelns, findet man Sonja Karbergs Café Lindauhof, welches ich mit großer Begeisterung im Café-Buch … *aber süß muss es sein* vorstellte. Wer kennt nicht die beliebte ZDF-Fernsehserie „Der Landarzt"? Sie wurde hier auf dem Anwesen viele Jahre lang gedreht. Als die Serie abgesetzt wurde, entstand bei Sonja und ihrer Mutter Astrid die Idee, ein Café zu erschaffen. Am 17. Mai 2013 war es dann so weit, und die Eröffnung konnte gefeiert werden. „Bei uns wird natürlich alles selbst gebacken", erzählt mir die hübsche, sympathische Sonja. Ein besonderes Prachtexemplar ist ihre Johannisbeer-Torte.

Als ich unseren guten Freund Gerhard Olschewski, er spielte den „Hinnerk", bei den Dreharbeiten der Serie besuchte, hätte ich nie gedacht, dass ich Jahre später hier eine Café-Story über die ehemalige Landarztpraxis schreiben würde. Das Café Lindauhof ist für uns alle ein Glücksfall. Sonja habe ich tief ins Herz geschlossen, und ich kann nur sagen: Nehmen Sie sich Zeit für diesen Ausflug, denn es lohnt sich. Alles ist einfach traumhaft!

Antik Café La Donna

Käsekuchen mit Mohnfüllung

Käsekuchen:

200 g Butter
250 g Zucker
6 Eier
Mark einer Vanilleschote
1000 g Quark
120 g Weichweizengrieß
2 TL Backpulver

1 Pck. backfertige Mohnfüllung

Alle Zutaten vom Käsekuchen zu einem glatten Teig verarbeiten. Die Masse in eine gefettete 26-cm-Springform geben und im vorgeheizten Backofen bei 160 °C ca. 60 Minuten backen. Danach komplett auskühlen lassen und auf eine Tortenplatte setzen. Mit einem scharfen Tortenmesser vorsichtig einmal waagerecht durchschneiden. Die untere Hälfte des halbierten Käsekuchens mit der Mohnmasse bestreichen und die zweite Hälfte wieder draufsetzen.

Amerikanische Buttercreme:

250 g weiche Butter
150 g Puderzucker
100 g Frischkäse

Butter schön luftig aufschlagen. Puderzucker dazugeben und alles weiter aufschlagen bis die Masse luftig und schneeweiß ist. Den Frischkäse unter die Buttermasse ziehen. Bitte kein Rührgerät benutzen, da die Masse sonst gerinnt. Die Torte rundherum mit der Buttercreme bestreichen. Abschließend nach Belieben dekorieren.

Schon so oft fuhr ich auf dem Weg von Itzehoe nach Bad Bramstedt an dem sehr markanten roten Gebäude in Schlotfeld vorbei. Ich registrierte aber nie, dass sich in ihm das Antik Café La Donna befindet. Erst eine Leserin machte mich darauf aufmerksam, als ich von meiner Suche nach interessanten Cafés erzählte. Also nahm ich sofort mit Ruzica Boccardo, sie ist die Besitzerin des Cafés, Kontakt auf, um ein Vorgespräch für das Foto-Shooting des Café-Buches *Süß und verführerisch* zu verabreden. Ich war total begeistert von ihr: Was für eine tolle, charmante Frau! Sie erzählte mir, dass sie aus Zagreb in Kroatien stamme, und so hatten wir gleich Gesprächsstoff, denn ich hatte früher als Künstlerin sehr lange im ehemaligen Jugoslawien, in Zagreb und Belgrad, für den damaligen Staatspräsidenten Tito gearbeitet. Ruzica lebt aber schon seit über 20 Jahren in Deutschland. Das sehr geschmackvoll eingerichtete Café besteht aus zwei Räumlichkeiten, dazu gehört noch der über 100 Jahre alte Tanzsaal mit seiner wunderschönen alten handbemalten Holzdecke. Außerdem kann man sich hier auch trauen lassen, dazu kommt der Bürgermeister extra ins Café.

Hier wird alles selbst gebacken und für ihre ausgefallenen Torten und Kuchen ist Ruzica berühmt. Genuss pur kann man hier erleben. Ich entschied mich für ihren Käsekuchen mit Mohnfüllung, er ist etwas ganz Besonderes. Aber auch die Matcha-Crêpe-Torte oder ihre Délice au Chocolate kann ich nur empfehlen. Für jeden ist etwas dabei!

Café Katchen

Limetten-Biskuitrolle

Eine runde Sache …
Frische trifft Sahnetraum

Biskuit:

8 Eigelb
100 g Zucker
4 Eiweiß
80 g Mehl
20 g Speisestärke

Eigelb mit der Hälfte des Zuckers schaumig rühren. Eiweiß mit dem restlichen Zucker steif schlagen und unter die Eigelbmasse heben. Mehl und Speisestärke vermischen, darüber sieben und unterziehen. Teig auf ein mit Backpapier belegtes Backblech streichen und im vorgeheizten Backofen bei 220 °C Ober- und Unterhitze auf mittlerer Schiene 8–12 Minuten backen.

Die Teigplatte auf ein mit Zucker bestreutes Tuch stürzen und das Backpapier abziehen. Biskuit mit einem feuchten Tuch bedeckt erkalten lassen.

Füllung:

Saft und Abrieb von 5 Bio-Limetten
1 Limette in Scheiben schneiden (Deko)
750 ml Schlagsahne
3 Pck. Sahnesteif
150 g Zucker
Puderzucker zum Bestreuen

Limetten auspressen, es werden ca. 100 ml Saft benötigt. Limettenschalen abreiben. Sahne mit Sahnesteif und Zucker steif schlagen und mit dem Limettensaft und -abrieb mischen. Das feuchte Tuch entfernen und die Limettensahne auf den Biskuitboden streichen. Die Teigplatte mit Hilfe des Tuches zur Rolle formen. Mit Puderzucker und Limettenscheiben dekorieren.

Voller großer Erwartung und Neugier fuhren wir nach Brunsbüttel ins CAFÉ KATCHEN zu unserem Foto-Shooting. Wie würde es jetzt, fertiggestellt, wohl aussehen? Ich kannte es ja nur im Rohbau, als ich mich mit Katja Hackert im Winter zu einem Vorgespräch getroffen hatte. Da sah ich nur vier Mauern, ein Reetdach und eine Grube, und es bedurfte viel Fantasie, sich vorzustellen, wie es hier einmal aussehen würde. Aber nach der Beschreibung von Katja war ich mir sicher, dass hier eine „Puppenstube" entstehen würde. Und tatsächlich, sie hatte nicht übertrieben, es ist einfach entzückend geworden. Ernst-Otto Wilkens ist der Betreiber des Cafés und führt es zusammen mit seiner charmanten Partnerin Katja Hackert. Die einmalige Lage ist ein Traum, es liegt direkt hinter dem Deich, und die Schiffe auf dem Nord-Ostsee-Kanal schraben förmlich an der Kaffeetasse vorbei. Wir hatten also die richtige Entscheidung getroffen, dieses Café in unser Café-Buch *Süßes zum Anbeißen* aufzunehmen.

Hier wird natürlich alles selbst gebacken, und die Kuchen- und Tortenauswahl ist groß. Katja versucht sich durch Besonderheiten von anderen Cafés abzusetzen, zum Beispiel mit ihren Avocado-Beeren-Törtchen oder Spekulatius Tiramisu im Glas. Köstlich fanden wir auch die Limetten-Biskuitrolle, einfach großartig. Der Aufenthalt ist hier zu jeder Jahreszeit schön, denn im Sommer kann man draußen sitzen und im Winter lauschige Stunden am Kamin verbringen. Katja und Ernst-Otto haben hier etwas ganz Besonderes geschaffen, und ihre tolle Crew bemüht sich, den vielen Gästen einen schönen Aufenthalt zu bieten. Wirklich ein Geheimtipp!

Hofcafé Landzauber

Holunderblütentorte mit Erdbeerguss

10 Holunderblütendolden
300 ml Schlagsahne

Holunderblüten vorsichtig ausschütteln und über Nacht in der flüssigen Sahne ziehen lassen. Am nächsten Tag durch ein Sieb gießen und die Sahne auffangen (Holundersahne).

Biskuit:

3 Eier
100 g Zucker
45 g Mehl
25 g Speisestärke

Eier und Zucker auf höchster Stufe ca. 5 Minuten schlagen, bis die Masse hellschaumig ist. Mehl und Speisestärke vermischen, darüber sieben und vorsichtig unterheben. Anschließend in eine mit Backpapier ausgelegte 26-cm-Springform füllen und im vorgeheizten Backofen bei 160° C Umluft ca. 20 Minuten backen. Danach auskühlen lassen, auf eine Tortenplatte setzen und mit einem Tortenring umlegen.

Füllung:

4 Blatt Gelatine
300 g Joghurt
100 g Zucker
300 g Schlagsahne (Holundersahne)
1 Pck. Vanillezucker
2 EL Zitronensaft

Gelatine in kaltem Wasser einweichen. Joghurt und Zucker verrühren. Holundersahne mit Vanillezucker steif schlagen. Gelatine ausdrücken, mit Zitronensaft erwärmen und darin auflösen. 3 EL Joghurtmasse unter die Gelatine rühren und anschließend mit der restlichen Joghurtmasse zügig verrühren. Holundersahne unter die Joghurtmasse rühren und auf dem Tortenboden verteilen. Anschließend für ca. 3 Stunden kühl stellen.

Topping:

400 g Erdbeeren
80 g Zucker
4 Blatt Gelatine
1 EL Zitronensaft

Erdbeeren waschen, putzen, pürieren und mit dem Zucker verrühren. Gelatine in kaltem Wasser einweichen, ausdrücken und in einem Topf mit Zitronensaft auflösen. 3 EL Erdbeerpüree in die aufgelöste Gelatine geben und anschließend in das restliche Erdbeerpüree rühren. Vorsichtig auf der schon fest gewordenen Joghurtmasse verteilen und nochmals für ca. 1 Stunde kühl stellen.

Deko:

Erdbeeren, Minze, Holunderblüten

Torte nach Geschmack mit Erdbeeren, Minze und Holunderblüten verzieren.

Viele Jahre führte mich das Hobby meiner Töchter durch ganz Norddeutschland. Jedes Wochenende brausten wir mit dem Pferdehänger und zwei Pferden, bewaffnet mit Frikadellen und Co., zu den Reitturnieren. Je besser Kathrin und Caroline im Dressursport wurden, desto weiter mussten wir zu den Turnieren fahren. Das kommt mir heute, wenn ich auf Recherchetour bin, oft zugute. Heilshoop ist so eine Ecke, wo man denkt: „Wo liegt das denn nun wieder?" Aber auf dieser Ecke gab es sehr viele Reitturniere, und so kannte ich fast jeden Knick. Hier fand ich das ganz süße, mit viel Liebe eingerichtete Hofcafé Landzauber von der jungen erfrischenden Sandra Seidel für mein Café-Buch *Süßes zum Anbeißen*. Bad Oldesloe und Reinfeld sind nicht weit entfernt und nach Lübeck sind es 10 km.
Hier wird alles selbst gebacken, und immer wieder erfindet sie neue Rezepte, wobei die Standards natürlich nicht fehlen dürfen. Ihre Renner sind im Sommer die Holunderblütentorte mit Erdbeerguss und im Winter ihre Buchweizentorte. Bei einem Aufenthalt in England entdeckte sie ihre Liebe für den Afternoon-Tea, der auf Bestellung bei ihr serviert wird, und ihre Gäste nehmen dieses Highlight sehr gerne an.
Ich kann nur empfehlen, sich auf Café-Tour zu begeben, die traumhafte Landschaft zu genießen und danach bei Sandra einzukehren und ihre Torten- und Kaffeespezialitäten zu genießen. Oder vielleicht zur Tea-Time?

Café Uhrendorf

Leo-Torte

Biskuit:

4 Eier
120 g Zucker
30 g Butter
120 g Mehl
1 TL Backpulver
1 EL Kakaopulver

Eier, Zucker und Butter schaumig schlagen. Mehl und Backpulver vermischen, darübersieben und unterheben. Die Hälfte des Teiges abnehmen und den Kakao unterrühren. Den hellen Teig auf ein mit Backpapier belegtes Backblech verteilen. Den dunklen Teig in einen Spritzbeutel geben und damit das gewünschte Muster „hineinmalen“. Im vorgeheizten Backofen bei 180 °C ca. 10 Minuten backen. Aus dem Ofen nehmen und in Streifen von ca. 8 cm Höhe schneiden.
Streifen aufrollen und abkühlen lassen. Danach als Rand in einen 26-cm-Tortenring stellen. Den übrigen Biskuit zerzupfen und als Boden verteilen.

Schokocreme:

100 g Zartbitter-Kuvertüre, fein gehackt
50 g Zucker
150 ml Orangensaft
5 Blatt Gelatine
300 ml Schlagsahne, geschlagen

Kuvertüre und Zucker in erhitztem Orangensaft auflösen. Gelatine in kaltem Wasser einweichen, ausdrücken, in der Orangenschokolade auflösen. Abkühlen lassen und die Sahne unterheben. Masse in der Form verteilen und ca. 3 Stunden kühl stellen.

Orangencreme:

2 Bio-Orangen
500 g Joghurt
75 g Zucker
6 Blatt Gelatine
200 ml Schlagsahne, geschlagen

Orangenschale abreiben. Saft der beiden Orangen auspressen. Beides mit Joghurt und Zucker verrühren. Gelatine einweichen, ausdrücken, in etwas erhitztem Orangensaft auflösen und in die Joghurtmischung rühren. Sahne unterheben und auf die Schokocreme geben. Wieder 3 Stunden kühl stellen.

Guss:

1 Pck. Tortenguss, weiß
250 ml Orangensaft

Tortenguss nach Packungsanweisung im Orangensaft auflösen und auf die Orangencreme geben. Tortenring vorsichtig entfernen.

Mitten in der Wilstermarsch, direkt an der Stör, liegt der idyllische Ort Beidenfleth, zwischen Itzehoe und Glückstadt. Hier fand ich das Café Uhrendorf mit seiner blumengeschmückten Holzterrasse und seinen zwei Caféräumen mit gemütlichem Kamin. Die Besitzerin Christl Klausenitzer ist eine superfidele und charmante Bayerin, und wir verstanden uns auf Anhieb. Sie war Posaunistin in der Show-Band „Bayrische 7", und jetzt kommt's: Während unserer Fotoproduktion für das Café-Buch *Auf die süße Tour* stellten wir beide fest, dass wir schon einmal gemeinsam am Tegernsee in der ZDF-Sendung „Sonntagskonzert" aufgetreten sind: sie als Posaunistin in ihrer Band und ich als Fernsehköchin. Wir lernten uns aber bei der Sendung nicht kennen, dafür musste ich erst nach Beidenfleth kommen. Natürlich haben wir uns vor Ort sofort die Aufzeichnung angesehen und waren hell begeistert. Christl ist aber nicht nur eine großartige Musikerin, sondern auch eine kreative Rezepte-Erfinderin und bezaubert mit ihrer Back- und Kochkunst. Ihre Torten, Kuchen und auch Speisen spiegeln ihr ganzes Können wider. Das zeigt auch ihre Leo-Torte. Sehr beliebt sind die von ihr liebevoll ausgerichteten Familienfeiern. Nicht zu vergessen ist ihr köstliches Frühstück, das ebenfalls zu Empfängen und kleinen Feiern erweitert werden kann. Christl gibt jedem das Gefühl, ein besonderer Gast zu sein. „Auffi, pack mers, geh ma nach Beidenfleth!"

Vintage-Café Drømme Hus

Wikinger Törtchen

3 Stück

Boden:

2 Eigelb
40 g Zucker
½ Pck. Vanillezucker
60 g Margarine, zerlassen
60 g Mehl
½ TL Backpulver

Baiser:

2 Eiweiß
80 g Zucker
½ Pck. Vanillezucker
gehobelte Mandeln

300 g Schlagsahne, geschlagen
Obst nach Wahl (Beeren, Mandarinen oder auch Pflaumenmus)

Eigelb mit Zucker und Vanillezucker schaumig rühren. Mit der flüssigen Margarine, Mehl und Backpulver zu einem glatten Teig verrühren. Backblech mit Backpapier auslegen. 6 Tortenringe/Springformen (ca. 9 cm Durchmesser) darauf setzen. Den Teig auf die Förmchen verteilen und verstreichen.

Eiweiß steif schlagen. Zucker und Vanillezucker unter Rühren einrieseln lassen und so lange schlagen, bis sich der Zucker aufgelöst hat. Eischnee gleichmäßig auf den Böden verteilen. Mit einem Löffel ein Wellenmuster einarbeiten. Mit gehobelten Mandeln bestreuen. Im vorgeheizten Backofen bei 160 °C Umluft 20 Minuten backen. Danach erkalten lassen und aus den Ringen lösen. Folgendermaßen schichten: Teig/Baiserboden – Sahne – Obst – Sahne – Teig/Baiserboden.

Alle meine Cafés sind natürlich Traumhäuser. Darunter geht gar nichts. Trotzdem müssen wir oft für unsere Fotoarrangements das Interieur ein bisschen umräumen. Das hat mit dem Licht und der Kameraeinstellung zu tun. Zum Beispiel erhöhen wir oft die Tische und stellen die Füße auf Konservendosen, um eine bessere Kameraperspektive zu haben. Auch müssen wir uns oft Trittleitern besorgen, damit Ursula die Torten von ganz oben fotografieren kann. Dieses Umstellen nimmt immer sehr viel Zeit in Anspruch, bevor der erste „Schuss" fällt. So war es auch beim Foto-Shooting für das Café-Buch *Süßes zum Anbeißen* im VINTAGE-CAFÉ DRØMME HUS in Weesby. Es liegt hoch im Norden zwischen Flensburg und Niebüll, 1,5 km von der dänischen Grenze entfernt. Die Besitzerin dieses entzückenden Cafés ist die zauberhafte Liliane Hansen, von allen nur Lili genannt. Hier wird täglich alles frisch gebacken, und die kleinen „Wikinger Törtchen" dürfen niemals fehlen, sie sind der absolute Renner.

Wirklich ein Traumhaus (Drmme Hus) für traumhafte Kuchenfotos, und wir hatten einen so schönen Tag.

Doch plötzlich stellte ich mit Schrecken fest, dass es gar nicht mehr Tag war. Ich hätte längst meinen Hund aus der Hundepension von Anja Hradek abholen müssen. Branko wartete schon seit zwei Stunden auf mich, und nicht nur er …

Geplagt von meinem schlechten Gewissen bat ich Lili, mir ein kleines Kuchen-Trostpflaster einzupacken, worüber sich Anja sehr freute. Sie wollte den Kuchen am nächsten Tag mit ihrer Mama zusammen genießen. Spät in der Nacht bekam ich eine SMS von ihr: „Habe die sensationellen Drømme Kage und die Mandelhörnchen ganz alleine aufgegessen, ich konnte mich einfach nicht beherrschen. Ich brauche unbedingt das Rezept." Was für ein Kompliment für Lili. Branko bekam natürlich auch ein Leckerli für das lange Warten.

Janbeck*s FAIRcafé

Tipp:

Will man eine Kuppelform erreichen, backt man die Biskuitböden in unterschiedlich großen Backformen, bestreicht sie mit der Füllung, legt sie nach Größe aufeinander und formt eine Kuppel.

Prinzessinnentorte à la Janbeck*s

Biskuit:

5 Bio-Eier
125 g Zucker
1 Prise Salz
125 g Vollkornmehl
½ Pck. Backpulver

Eier kräftig aufschlagen, bis sie ordentlich schaumig sind. Zucker und Salz langsam einrieseln lassen. Mehl und Backpulver vermischen, darüber sieben und vorsichtig unterheben. Nicht zu lange rühren, um den Eischaum nicht zu zerstören. Teig in eine mit Backpapier ausgelegte 28-cm-Springform füllen und im vorgeheizten Backofen bei 175 °C–200 °C (je nach Ofen) ca. 40–50 Minuten backen. Anschließend auskühlen lassen. Boden auf eine Tortenplatte setzen und zweimal waagerecht durchschneiden. Den unteren Boden mit einem Tortenring umlegen.

Füllung:

1 Glas rote Marmelade
600 ml Schlagsahne
Mark von 2 Vanilleschoten

Marmelade auf dem unteren Boden verstreichen. Sahne steif schlagen, Vanillemark unterheben und die Torte damit schichtweise füllen. Oberseite des oberen Bodens dünn mit Sahne bestreichen.

Decke:

Marzipan (ca. 200 g)
grüne Bio-Lebensmittelfarbe
etwas Puderzucker

Marzipan mit Lebensmittelfarbe und Puderzucker verkneten, ausrollen und die Torte mit der Marzipandecke belegen. Nach Geschmack mit Sahne, ungespritzten Blüten oder Zuckerguss verzieren.

Wenn ich mich mit meinen Café-Besitzerinnen für Fototermine verabrede, kommt meistens die Frage: „Und was machen wir, wenn es regnet?“ Diese Frage verfolgt uns seit zehn Jahren. Der Wettergott ist aber meistens auf unserer Seite, und über das Wetter wollen wir einfach nicht nachdenken. Anders bei Uta Janbeck im FAIRcafé in Gelting. Wir mieteten eines der wunderschönen Appartements von Uta, um am nächsten Morgen für das Café-Buch *Hier gibt's Süßes!* ihre Torten und Kuchen im Garten in Szene zu setzen. Es sollte aber anders kommen, denn in der Nacht prasselte der Regen gegen unsere Scheiben. Immer wieder schlich ich mit Ursula und Hans Dieter, meinen wunderbaren Fotografen, nachts im Schlafanzug durch das Appartement, und wir starrten aus dem Fenster. „Was machen wir bloß?“, war die Frage. Der Frust war groß, denn wir hatten Anschlusstermine und alles würde sich verschieben. Wir gaben die Hoffnung auf Wetterbesserung nicht auf. Es gab aber ein böses Erwachen, denn das Wetter war eine Katastrophe, und wir mussten das ganze Unternehmen abbrechen. Dieses war uns noch nie passiert. Uta hatte aber Verständnis und tröstete uns mit einem köstlichen Frühstück. Ein paar Tage später, bei traumhaftem Sommerwetter, konnten wir dann die wunderschöne Landschaft, das Ambiente des Cafés und Utas köstliche Prinzessinnentorte fotografieren, und alle waren happy. Hier in Janbeck*s FAIRhaus findet man Natur pur!

Cafe Kontor

Schwarzwälder Kirschtorte

Biskuit:
5 Eier
175 g Zucker
100 ml Wasser
100 g Mehl
2 TL Backpulver
80 g Weizenstärke
2 EL Backkakao-Pulver
Fett für die Form

Eier, Zucker und Wasser 5 Minuten verrühren. Mehl, Backpulver und Weizenstärke sieben und unter die Masse heben. Kakaopulver unterrühren. Teig in eine gefettete 26-cm-Springform füllen und im vorgeheizten Backofen auf mittlerer Schiene bei 160 °C 30 Minuten backen. Danach auskühlen lassen. Boden zweimal waagerecht durchschneiden. Den unteren Boden auf eine Tortenplatte setzen.

Belag:
1 Glas Sauerkirschen (680 g)
2 cl Kirschwasser
4 Becher Schlagsahne (á 200 ml)
1 Pck. Schokoraspel

Abgetropfte Kirschen mit dem Kirschwasser vermischen. Sahne steif schlagen. Den unteren Boden mit einer Schicht Sahne bestreichen, die Kirschen darauf verteilen und mit einer weiteren Schicht Sahne bedecken. Den zweiten Boden auflegen und wieder mit Sahne bestreichen. Mit dem dritten Boden als Deckel belegen, eine dünne Schicht Sahne auftragen und mit Schokoraspel verzieren. Restliche Sahne in einen Spritzbeutel füllen, kleine Häufchen darauf spritzen und mit Kirschen dekorieren.

Die Fahrt über die Fehmarnsundbrücke von Großenbrode auf dem Festland zur „Sonneninsel“ Fehmarn war für uns ein wahres Erlebnis. Wir hatten uns für das Foto-Shooting des Café-Buches *Süßes zum Anbeißen* für den Sommer verabredet. Das Cafe Kontor liegt in Burgstaaken, einem Ortsteil mit kombiniertem Kommunal- und Yachthafen, und wird in der Saison ab 12:00 Uhr geöffnet. So mussten wir schon sehr früh starten, um wichtige Szenen im Kasten zu haben, bevor die ersten Gäste kamen. Die weltgewandte und sehr charmante Melanie Wiegel, Besitzerin des Cafés, ließ es sich aber nicht nehmen, uns mit einem opulent gedeckten Frühstückstisch zu empfangen. Das tat uns gut nach einer so langen Anreise. Im ehemaligen Herrenzimmer konnten wir, ungestört vom Tagesgeschäft, alle Kuchen und Torten optimal fotografieren. Das wunderschöne historische Gebäude, in dem sich das Café befindet, war ursprünglich das Kontorhaus der Fehmarnmühle, die leider 1974 abbrannte. 1997 wurde das Café von Melanies Schwiegermutter Traute Kölln eröffnet, die es dann 1999 an die Familie weitergab. Das Erbe wird von Melanies Mann Jürgen Kölln in dritter Generation weitergeführt. Die mit viel Liebe eingerichteten Räumlichkeiten des Cafés laden zum gemütlichen Verweilen ein. Hier wird selbstverständlich alles selbst gebacken, teilweise noch nach alten Familienrezepten, und die Schwarzwälder Kirschtorte ist der Renner.

Ein langer Arbeitstag ging für uns zu Ende, und wir drei beschlossen, beim nächsten Mal ohne Kameras einen Café-Ausflug auf die traumhafte Ostseeinsel Fehmarn zu machen, und wie Touristen alles zu erkunden. Bei Melanie und ihrem Team ist der Wohlfühlfaktor garantiert!

Café Frida

Gerdas Apfeltraum

Biskuit:

3 Eier, getrennt
100 g Zucker
50 g Mehl
½ Pck. Backpulver
50 g Speisestärke

Eiweiß und Zucker schaumig schlagen. Eigelb unterheben. Mehl, Backpulver und Speisestärke vermischen, darübersieben und unterheben. Teig in eine mit Backpapier ausgelegte 26-cm-Springform füllen und im vorgeheizten Backofen bei 160 °C Umluft 20 Minuten backen.

Anschließend auskühlen lassen. Boden auf eine Tortenplatte setzen und mit einem Tortenring umlegen.

Füllung:

500 ml Apfelsaft, naturtrüb
2 Eier
100 g Zucker
70 g Vanille-Puddingpulver
50 g Butter
5 Äpfel, geraspelt
500 ml Schlagsahne, geschlagen

Apfelsaft, Eier, Zucker und Puddingpulver glattrühren und aufkochen. Topf vom Herd nehmen und die Butter unterrühren, bis sie geschmolzen ist, danach die Äpfel unterheben. Masse auf den fertigen Boden geben und ca. zwei Stunden im Kühlschrank auskühlen lassen. Anschließend die Sahne auf der Apfelfüllung verstreichen und mit Apfelspalten garnieren.

TIPP:

Apfelspalten vorher in Zitronensaft legen, damit sie nicht braun werden.
Den Rand mit gehobelten, gerösteten Mandeln verzieren.

Lohnenswert ist eine Cafétour gen Norden Richtung Sylt. Ich empfehle ihnen in der kleinen Stadt Bredstedt in Nordfriesland Halt zu machen und im Café Frida Kaffee und Kuchen zu genießen. In früheren Zeiten brauchte man so genannte Ausspanne mit Übernachtungsmöglichkeiten und Unterbringung für Pferde und Wagen. Solch ein Ausspann, direkt am Bredstedter Markt, beherbergt heute das Café Frida von Elke Lorenzen und ihrem Sohn Fabian. Dieses Haus mit seiner traumhaften historischen Kachelstube – es handelt sich um 3000 unter Denkmalschutz stehende Harlinger Fliesen – hatte es mir angetan. Was für ein Kleinod im hohen Norden. Darum entschloss ich mich, seine Geschichte im Café-Buch … *aber süß muss es sein* ausführlich zu erzählen. Elke kümmert sich hauptsächlich um ihre Hotelgäste, und Fabian, eigentlich Politikwissenschaftler, machte seine Liebe zum Backen zum Beruf. Elkes Liebe zu den Werken der weltberühmten mexikanischen Malerin Frida Kahlo, die sie sammelt und im Café ausstellt, gaben dem Café seinen Namen: Café Frida. Der lukullische Genuss aus der Backstube ist das Werk Fabians, der mit Hingabe seine Torten und Backwaren kreiert und sich im Café aufopfernd um seine Gäste kümmert, um sie glücklich zu machen.

Wir alle hatten einen wunderschönen Tag und viel Spaß. Abends nach unserer intensiven Arbeit setzten wir uns – es war ein lauer Sommerabend – in die Durchfahrt des Ausspanns, tranken einen wohlverdienten Feierabendwein und kamen ins Schnacken. So wurden wir auch Hotelgäste von Elke und übernachteten in den sehr geschmackvoll eingerichteten Zimmern. Morgens wurden wir von Fabian mit einem köstlichen Frühstück verwöhnt. Hier muss man einfach einkehren!

Landcafé Mühlenholz

Knusper-Pflaumen-Sanddorntorte

Mürbeteig:

75 g weiche Butter
30 g Zucker
1 Eigelb
100 g Mehl

Butter, Zucker, Eigelb und Mehl in eine Schüssel geben und gut mit den Händen verkneten. Mürbeteig auf den Boden einer mit Backpapier ausgelegten 26-cm-Springform drücken und im vorgeheizten Backofen bei 165 °C Umluft 15 Minuten auf der mittleren Schiene backen. Danach auskühlen lassen. Boden vorsichtig auf eine Tortenplatte setzen.

Füllung 1:

450 g Pflaumenmus
200 ml Schlagsahne, geschlagen

Pflaumenmus auf dem Mürbeteig verteilen und die Sahne darauf verstreichen.

Biskuit:

2 Eiweiß
2 EL Wasser
75 g Zucker
2 Eigelb
40 g Mehl
40 g Maisstärke
1 TL Backpulver

Eiweiß mit Wasser steif schlagen. Zucker langsam dazugeben. Das Eigelb einzeln hineingeben und unterrühren. Mehl, Maisstärke und Backpulver vermischen und unter die Eimasse heben. Teig in eine mit Backpapier ausgelegte 26-cm-Springform geben und im vorgeheizten Backofen bei 165 °C auf der mittleren Schiene 20 Minuten backen. Danach auskühlen lassen. Den Boden auf die Sahneschicht setzen.

Füllung 2:

600 ml Schlagsahne
2 TL Zucker

Sahne mit dem Zucker steif schlagen. Deckel und Rand damit einstreichen sowie nach Belieben Sahnetuffs auf die Torte setzen.

Topping:

400 ml Sanddornsaft
2 EL Zucker
2 Pck. Tortenguss, weiß
2 Spritzer Zitronensaft

Aus den Zutaten nach Packungsanweisung einen Tortenguss herstellen. Den flüssigen Guss in ein eckiges Gefäß gießen, sodass es mit ca. 2 cm Flüssigkeit bedeckt ist. Danach erkalten lassen, stürzen, in 2x2 cm große Würfel schneiden und auf die Torte streuen.

Garnitur:

100 g Vollmilchschokolade
50 g Dinkelpops mit Honig
1 Prise Chiliflocken

Schokolade im Wasserbad schmelzen. Dinkelpops und Chiliflocken in die flüssige Schokolade geben und darin wenden. Danach auf Backpapier geben und auskühlen lassen. Anschließend in kleine Stücke brechen und über die Torte streuen.

Von Cara Seemann (Gut Blockshagen) erfuhr ich, dass ihre Freundin Amelie Brakel sich am Segeberger Forst in Heidmühlen ein wunderschönes, reetgedecktes Anwesen gekauft hat und darin ein Café eröffnen möchte. Für mich war der Tipp ein Volltreffer. Ich verabredete mich mit Amelie und schaute mir alles an. Zwar war man noch dabei, die vier Café-Räume zu renovieren, aber ich konnte mir sehr gut vorstellen, wie es hier einmal aussehen würde. Am 8. Mai 2016 wurde das LANDCAFÉ MÜHLENHOLZ eröffnet.

Amelie ist eine junge, herzerfrischende Person, die man sofort in sein Herz schließt. Schon früh war ihr klar, dass sie ihren Traum, ein Café zu führen, schnellstens verwirklichen wollte, um ihre Liebe zum Backen in die Tat umzusetzen. Bis heute hat sie über 40 Torten im Repertoire, und das Highlight ist ihre Knusper-Pflaumen-Sanddorntorte.

Unsere Fotoproduktion für das Café-Buch *Süß und verführerisch* bei ihr im Café hat uns viel Spaß gemacht, und zum Abschied schenkte mir Amelie ein großes Paket Kuchen für meinen Feierabend. Als wir unsere ganzen Requisiten und Kameras in den Autos verstaut hatten, gab es noch ein fröhliches Winken, und alle fuhren von dannen. Leider sprang mein Auto nicht an, und da stand ich nun alleine auf dem Hof unter der uralten Linde und wartete auf Hilfe. Mein einziger Lichtblick war das Kuchenpaket von Amelie. Der Kuchen schaffte es nicht bis zu mir nach Hause, sondern tröstete mich bei meiner Wartezeit auf den gelben Engel vom ADAC. Ein köstliches Trostpflaster!

Café Zauberbuche

Mascarpone-Torte mit Kirschen und Baiser

Biskuit:

4 Eier
125 g Zucker
100 g Mehl
100 g Speisestärke
2 TL Backpulver
50 g gem. Mandeln

Eier trennen. Eiweiß und 4 EL Wasser steif schlagen. Zucker langsam einrieseln lassen. Eigelb nacheinander unterrühren. Mehl, Stärke, Backpulver und Mandeln unterheben. Teig in eine mit Backpapier ausgelegte 28-cm-Springform füllen und glatt streichen. Im vorgeheizten Backofen bei 175 °C/Umluft 150 °C 30–35 Minuten backen. Anschließend gut auskühlen lassen. Den Boden auf eine Tortenplatte setzen und zweimal waagerecht durchschneiden. Den unteren Boden mit einem Tortenring umlegen.

Füllung:

1 Glas Schattenmorellen
(360 g Abtropfgewicht)
30 g Speissestärke
130 g Zucker
1 Pck. Vanillezucker
3 EL Amaretto
2 Zitronen, unbehandelt
500 g Mascarpone
150 g saure Sahne
250 g Schlagsahne, geschlagen

Kirschen abgießen, Saft auffangen. Saft aufkochen, mit der Stärke, 30 g Zucker und Vanillezucker andicken und die Kirschen unterheben.
Unteren Boden mit Amaretto beträufeln, Kirschen darauf verteilen und mit dem zweiten Boden bedecken. Ca. 1 Stunde kühl stellen.
Zitronenschale abreiben, Mascarpone, saure Sahne, restlichen Zucker (100 g), Zitronenschale und –saft vorsichtig verrühren. Geschlagene Sahne unterheben. ⅓ der Masse auf den zweiten Boden streichen und mit dem dritten Boden belegen. Tortenring entfernen und die ganze Torte mit der restlichen Creme einstreichen.

Belag:

200 g Baiser

Baiser leicht zerkrümeln und die Torte damit bestreuen. 2 Stunden kühl stellen.

Eine Cafétour nach Stedesand in Nordfriesland, kurz vor der dänischen Grenze, kann ich von ganzem Herzen nur empfehlen. Das Café Zauberbuche der Familie Richert ist einfach einmalig. Stedesand ist ein idyllischer Ort mit sehr schönem alten Baumbestand. Der älteste Baum ist eine 280 Jahre alte Eiche, und die Buche, die dem Café den Namen gab, ist 220 Jahre alt. Beide Bäume stehen im Park vor dem ehemaligen Pastorat von 1791, aus dem die Richerts ein Café machten. Silke Richert ist eine perfekte Gastgeberin mit großem Know-how. In ihrer Backstube, unterstützt von Kirsten Bock, geht es hoch her. Besonders ihre leckeren Torten sind sensationell. Das Ambiente des Cafés und Silkes tolle Torten stellten wir schon im Café-Buch *Süßes für die Seele* vor. Ihre Mascarpone-Torte mit Kirschen und Baiser hatte es uns nicht nur kulinarisch, sondern auch optisch besonders angetan, und wir entschlossen uns, sie für das Cover-Foto des Tortenbuches noch einmal speziell zu fotografieren. Silke war sofort Feuer und Flamme, und wir verabredeten uns zu einem späteren Zeitpunkt im Sommer bei mir im Garten. Speziell dafür backte Silke diese Traumtorte noch einmal, und ihre süße Tochter Helene brachte sie uns nach 1 ½ Stunden Autofahrt bei glühender Hitze unversehrt ans Set. Bei wunderschönem Sonnenschein konnten wir sie dekorativ in Szene setzen und anschließend mit Hochgenuss verspeisen.

Also, auf nach Stedesand ins Café Zauberbuche und die leckeren Torten und Kuchen genießen. Das lohnt sich!

Galerie-Café Schlossgefängnis

Erdbeer-Sahne-Torte

Biskuit:

3 Eier
2 EL heißes Wasser
125 g Zucker
1 Pck. Vanillezucker
75 g Mehl
75 g Speisestärke
2 TL Backpulver

Eier und heißes Wasser mit dem Handrührgerät auf höchster Stufe 1 Minute schaumig rühren. Zucker und Vanillezucker vermischen und unter Rühren einstreuen. Weitere 2 Minuten schlagen bis die Masse cremig ist. Mehl, Speisestärke und Backpulver vermischen und nach und nach auf niedrigster Stufe einarbeiten. Teig in eine mit Backpapier ausgelegte 28-cm-Springform füllen und auf der mittleren Schiene bei 175 °C ca. 20–30 Minuten backen. Anschließend auf einem Kuchengitter auskühlen lassen.

Füllung:

5 Becher Schlagsahne (à 200 ml)
3 Pck. Sahnesteif
20–30 Erdbeeren
4–6 cl Erdbeersirup
Erdbeeren zum Verzieren

Den Biskuitboden einmal durchschneiden und mit einem Tortenring umlegen. 600 ml Sahne mit Sahnesteif steif schlagen. Erdbeeren putzen, abbrausen, klein schneiden und pürieren. Anschließend zusammen mit dem Sirup unter die Sahne heben. Erdbeersahne auf dem unteren Biskuitboden verstreichen und den zweiten Boden auflegen. 400 ml Sahne steif schlagen und die Torte rundherum einstreichen und verzieren. Mit Erdbeeren garnieren.

Etwas ganz Besonderes ist das Galerie-Café Schlossgefängnis. Ich fand es nahe Elmshorn am Rantzauer See, in der idyllischen Kleinstadt Barmstedt. Im See liegt die Schlossinsel. Auf ihr befinden sich viele historische Gebäude und auch das ehemalige Gefängnis, das in ein Café umgebaut wurde. Seit Januar 2010 wird es von der sympathischen Karin Herbst betrieben. Das Ambiente des Cafés ist außergewöhnlich und urgemütlich. Die Zellen für die ehemaligen Knackis und die anderen Räumlichkeiten sind weitgehend so belassen wie in früheren Jahrhunderten und bilden eine schaurig schöne Kulisse für einen Erlebnisbesuch. Die Gäste können im Café gemütlich ihre Kaffeestunde verbringen und im Sommer auf der großzügigen Terrasse den Ausblick auf den Rantzauer See genießen. Ein unvergessliches Erlebnis sind aber auch die von Karin und ihrer Crew selbst gebackenen Kuchen und Torten. Die Zusammenarbeit mit Karin und ihren bezaubernden Mitarbeiterinnen für die Café-Bücher *Nur Süßes im Sinn* und *Winterlich Süßes*, in denen wir eine große Auswahl ihres Tortenrepertoires vorstellten, hat uns sehr viel Spaß gemacht. Da ist es ein Muss, meine Lieblingstorte Erdbeer-Sahne in diesem Buch noch einmal besonders herauszustellen. Dieses Café ist ein kulinarisches Kleinod und absoluter Geheimtipp!

Café uppen Barg

Stachelbeer-Krokant-Torte

Bisquit:

5 Eier
150 g Zucker
90 g Mehl
10 g Backpulver
90 g Weizenstärke
1 Prise Salz

Eigelb und Eiweiß getrennt mit jeweils der Hälfte des Zuckers aufschlagen. Mehl, Backpulver, Weizenstärke und Salz vermischen, unter die Eigelbmasse heben und den Eischnee unterheben. Teig in eine mit Backpapier ausgelegte 28-cm-Springform füllen und glatt streichen. Im vorgeheizten Backofen bei 170 °C Umluft ca. 30 Minuten backen. Danach vom Rand lösen, auf Backpapier und Kuchengitter stürzen. Backformboden und Papier entfernen – gibt einen geraden Boden – und abkühlen lassen. Biskuit auf eine Tortenplatte setzen und waagerecht eine dünne Platte abschneiden.

Füllung:

1 Glas Stachelbeeren (360 g Abtropfgewicht)
25 g Vanille-Puddingpulver
50 g Zucker
600 ml Schlagsahne, geschlagen

Stachelbeeren abtropfen lassen, Saft auffangen. Puddingpulver mit etwas Saft anrühren. Restlichen Saft mit Zucker aufkochen und mit Puddingpulver andicken. Stachelbeeren unterheben. Danach abkühlen lassen. Stachelbeeren auf dem dickeren Boden verteilen. Die Hälfte der Sahne kuppelförmig darauf streichen und den dünnen Boden auflegen. Restliche Sahne darauf verstreichen.

Belag:

etwas Margarine für die Pfanne
150 g Mandelblättchen
75 g Zucker

Fett in der Pfanne erhitzen. Mandeln und Zucker vermischen, in der Pfanne rösten und abkühlen lassen. Anschließend die Torte damit bestreuen.

Wer Freizeitsport und Kaffee und Kuchen miteinander verbinden möchte, ist hier im Café uppen Barg in Duvenstedt, im Kreis Herzogtum Lauenburg, bei Kathrin und Karl Björn Petersen genau richtig. Kathrin ist ganz der Gastronomie verbunden, und Karl Björn ein Golfer wie er im Buche steht. 2005 wurde das hübsche Fachwerkhaus zu einem Café umgestaltet, und die Felder und Äcker dieser romantischen, hügeligen Landschaft boten ideale Voraussetzungen für einen Swingolf-Platz. Das Tolle daran ist, dass die Golfer nicht Mitglied eines Clubs sein müssen. Sie kommen formlos vorbei, um ein bisschen Golf zu spielen, was meistens in Gruppen vor sich geht. Jeder Spieler erhält nur einen Schläger für Abschläge, aber auch zum Einputten. Mühseliges Schleppen von Schlägertaschen entfällt. Es gibt von Karl Björn eine kurze Einführung und dann geht's los. Nach dieser sportlichen Betätigung kehren natürlich alle in Kathrins Café uppen Barg ein. Es besteht aus drei geschmackvollen Räumlichkeiten. Die vielseitige Küche bietet natürlich in erster Linie Torten und Kuchen, hausgebacken nach eigenen Familienrezepten. Für unser Café-Buch *Hier gibt's Süßes* hat Kathrin uns ganz besonders attraktive Rezepte zur Verfügung gestellt. Ihre Stachelbeer-Krokant-Torte ist ein Augen- und Gaumenschmaus. Nach Wunsch kann man hier auch frühstücken, und da lag es für uns nahe, das Café mit Kathrins kulinarischen Frühstücks-Leckerbissen zu einem späteren Zeitpunkt ausführlich in unserer Sonderedition *Frühstück auf dem Lande* vorzustellen. Genießen Sie die traumhafte Atmosphäre des Cafés uppen Barg. Ein Ausflug dorthin lohnt sich!

Café Zollhaus

Sanddorn-Dinkel-Torte

GLUTENFREI

Biskuit:

5 Eier
150 g Zucker
125 g Dinkelmehl
1 Pck. Vanille-Puddingpulver
1 ½ TL Backpulver

Eier und Zucker in der Küchenmaschine ca. 10 Minuten schaumig schlagen. Restliche Zutaten vermischen und unterheben. Teig in eine gefettete 28-cm-Springform füllen und im vorgeheizten Backofen bei 170 °C Umluft ca. 25 Minuten backen. Anschließend auskühlen lassen. Boden auf eine Tortenplatte setzen und einmal waagerecht durchschneiden. Den unteren Boden mit einem Tortenring umlegen. Zweiten Boden für eine weitere Torte verwenden oder einfrieren.

Füllung:

400 ml Schlagsahne
400 g Schmand
Saft von 1 Zitrone
200 g Gelierzucker
3 EL Sanddornmarmelade

Sahne steif schlagen. Schmand, Zitronensaft und Gelierzucker vermischen und die Sahne unterheben. Masse auf dem Boden verstreichen. Sanddornmarmelade klecksweise darauf verteilen und mit einer Gabel unterheben damit ein Marmormuster entsteht. Über Nacht in den Kühlschrank stellen.

Spiegel:

300 ml Sanddornsaft
100 ml Orangensaft
Zucker nach Geschmack
2 Pck. Tortenguss, hell
Physalis
2 EL Pistazien, gehackt

Säfte mit Zucker und Tortenguss nach Packungsanweisung kochen und über die Sahne-Schmandmasse geben. Anschließend 1 Stunde in die Kühlung stellen. Tortenring entfernen, mit Physalis-Früchten garnieren und mit Pistazien bestreuen.

Ob Sturzregen, Wind, bedeckter Himmel, Gluthitze oder „Bienenattacken“ – bei Außenaufnahmen muss man immer mit allem rechnen. Im abgelegen Café Zollhaus von Maren Nielsen in Rodenäs in der Nähe der dänischen Grenze musste einiges gemeistert werden. Wir hatten uns für das Foto-Shooting des Café-Buches … *aber süß muss es sein* im Garten, mitten in einem Blumenmeer, eine wunderschöne Ecke für unsere Tortenfotos ausgesucht. Leider etwas entfernt von der Backstube des Cafés, und so mussten wir bei glühender Hitze immer mit der jeweiligen Torte eine ganze Strecke durch den Garten balancieren … und dabei passierte es dann. Als wir am Set ankamen, klatschte durch die Hitze alles zusammen, und es mussten neue Stücke geschnitten werden. Dafür interessierten sich natürlich auch die Bienen, die sich in Schwärmen auf die Torten stürzten. Aber mit Galgenhumor und Geduld schafften wir es trotzdem, wunderschöne Foodfotos abzulichten. Solche kleinen Nebenerscheinungen gehören bei Außenaufnahmen nun mal dazu. Bienen lieben Süßes wie wir Menschen auch. Sie haben halt nur Süßes im Sinn.

Wir verbrachten eine schöne Zeit im Café Zollhaus. Nicht nur die einmalige Lage ist eine Attraktion, sondern auch die ausgefallenen Torten und Kuchen locken die Gäste von nah und fern an. Marens Sanddorn-Dinkel-Torte ist der Knaller.

Ihre Gäste machen sich immer einen Spaß daraus, mit einem Bein in Dänemark und mit einem Bein in Deutschland zu stehen und sich dabei zu fotografieren. Maren aber steht mit beiden Beinen auf festem Boden und verwöhnt ihre Gäste mit ihren Köstlichkeiten.

Café mit Sti(e)l

Mohn-Schmand-Heidelbeer-Torte

Rührteig:

200 g Mehl
200 g Blaumohn, ungemahlen
150 g Zucker
200 ml Rapsöl
½ Pck. Backpulver
4 Eier
1 Prise Salz

Alle Zutaten miteinander verrühren, den Teig in eine mit Backpapier ausgelegte 26-cm-Springform geben und bei 180 °C Umluft 20 Minuten backen. Anschließend gut auskühlen lassen. Boden auf eine Tortenplatte setzen und mit einem Tortenring umlegen.

Füllung:

1 Pck. Vanillezucker
100 g Zucker
Saft einer Zitrone
400 g Schmand
4 Blatt Gelatine, weiß
500 ml Schlagsahne, geschlagen
2 Gläser Heidelbeeren (á 540 g Füllmenge)
3 Pck. Tortenguss, rot
weiße Schokoraspel

Vanillezucker, Zucker, Zitronensaft und Schmand miteinander verrühren. Gelatine in kaltem Wasser einweichen, ausdrücken und kurz erhitzen. Anschließend unter die Schmandmasse rühren. Die geschlagene Sahne unterheben. Die gesamte Masse auf dem Mohnboden verstreichen und die Torte ca. 15–20 Minuten ins Gefrierfach stellen.
Heidelbeeren abtropfen lassen und den Saft auffangen. Heidelbeeren auf der angefrorenen Schmandmasse verteilen. Saft mit dem Tortenguss erhitzen und über die Heidelbeeren gießen. Torte eine Nacht kalt stellen.
Vor dem Servieren mit Schokoraspel und Blüten dekorieren.

In dieser Sonderedition darf Ulrike Albrecht, Besitzerin des Café mit Sti(e)l, mit ihrer Mohn-Schmand-Heidelbeer-Torte nicht fehlen, denn bei ihr erlebten wir während unserer Fotoproduktionen wahrlich schöne Momente. Selten wurden wir so umsorgt, bekocht und betüdelt. Nach der Produktion mussten wir drei ein paar Safttage einlegen.

Mitten im Kreis Schleswig-Flensburg in Jübek erfüllte sie sich 2009 ihren Traum und eröffnete im Familienbetrieb mit liebevoller Hingabe neben der Gärtnerei und dem Blumengeschäft ihr Café. Ulrike verzaubert die Gäste mit ihrem Charme. Zudem bietet der Mustergarten der Familie Albrecht eine zusätzliche Wohlfühlatmosphäre und die Möglichkeit, in lauschigen Ecken Kaffee und Kuchen zu genießen. Hier kann man sich viele Anregungen für eigene Gartengestaltung holen und darf sie sogar umsonst mit nach Hause nehmen.

Nicht nur ihre sehr fantasiereichen Torten ziehen die Gäste an, sondern auch das ausgefallene Frühstücksbuffet mit vielen eigenen Kreationen von Ulrike. Jeden Sonnabend und Sonntag kann man hier genüsslich schlemmen.

Ausführlich stellte ich das Café in den Café-Büchern *Süßes für die Seele*, *Winterlich Süßes* und *Frühstück auf dem Lande* vor.

Ein Familienbetrieb mit Bruder Florian, der seinesgleichen sucht. Wirklich eine tolle Crew!

Koog Café

Dithmarschen-Torte

Teig:
125 g Margarine
125 g Zucker
4 Eigelb
150 g Mehl
1 Pck. Vanillezucker
2 TL Backpulver

Baiser:
4 Eiweiß
250 g Zucker

Creme:
250 ml Flüssigkeit, halb Zitronensaft, halb Wasser
125 g Zucker
1 EL Speisestärke
200–300 ml Schlagsahne
1 EL Zucker

Zutaten für den Teig miteinander verrühren und auf zwei mit Backpapier belegten 26-cm-Springformböden verteilen. Nicht ganz bis zum Rand, ca. 2 cm frei lassen.
Eiweiß und Zucker steif schlagen und auf die obigen Böden geben, Rand wieder frei lassen. Beide Böden im vorgeheizten Backofen bei 175 °C ca. 20–25 Min. backen, evtl. etwas länger. Nach der Hälfte der Backzeit die Formen auswechseln, von unten nach oben.
Für die Creme Zitronensaft, Wasser, Zucker und Speisestärke unter Rühren aufkochen und erkalten lassen. Ab und zu durchrühren. Sahne und Zucker steif schlagen und mit der Zitronencreme verrühren. Anschließend auf einen Boden streichen und den zweiten Boden mit der Baiserschicht nach oben darauflegen.

Bei den Fotoaufnahmen für unsere Café-Bücher *Kann denn Süßes Sünde sein?* und *Winterlich Süßes* im zauberhaften Koog Café von Berit Wilkens in Wesselburenerkoog wurde neben unserer Arbeit auch viel geklönt. Wir stellten fest, dass Berit mit meiner Tochter Caroline zusammen zur Schule gegangen war. Da kamen die lustigsten Geschichten zu Tage. Über das Vogelschießen, Bundesjugendspiele und Schulausflüge wurde kräftig getratscht und viel gelacht. Die gute Stimmung am Set erleichterte unsere Arbeit.

Das Café ist besonders günstig gelegen. Es befindet sich direkt an der Straße von Heide nach St. Peter-Ording, die über das Eidersperrwerk führt, dieses Bollwerk für den Wesselburenerkoog gegen den Blanken Hans. Die hübsche und immer freundliche Berit hat hier aus der ehemaligen alten Hufschmiede, in der die Ackerpferde der Bauern der Umgebung beschlagen wurden, ein überaus gemütliches Café gestaltet. Durch die Fenster ist die weite flache Landschaft Dithmarschens zu erblicken. Berits heimlicher Traum war es schon immer, ein eigenes Café zu besitzen, und das Backen war schon immer ihre große Leidenschaft. Ihre Oma sowie Mutter Wiebke sind ja auch unerschöpfliche Quellen bewährter und neuer Rezepte, und ihr Bruder Martin, ein echter Sonnyboy, steht ihr tatkräftig zur Seite. Inzwischen sind ihre Tortenkreationen weit über die Grenzen Dithmarschens bekannt und beliebt. Deswegen darf ihre Dithmarschen-Torte in diesem Buch nicht fehlen. Sie gehört zu meinen Lieblingstorten.

Landcafé éclair

Marzipan-Torte

mit Amaretto-Apfelmus

Biskuit:

4 Eier, getrennt
6 EL heißes Wasser
120 g Zucker
1 Prise Salz
100 g Mehl
100 g Speisestärke
2 TL Backpulver

Eigelb und Wasser mit einem Rührmixer schaumig aufschlagen. ⅔ des Zuckers nach und nach einrieseln lassen. Eiweiß zu Schnee schlagen, den restlichen Zucker und Salz dazugeben und solange schlagen, bis der Eischnee schnittfest ist. Anschließend unter die Eigelbcreme ziehen. Mehl, Stärke und Backpulver darübersieben und untermischen. Teig in eine gefettete und mit Mehl bestäubte 26-cm-Springform füllen und im vorgeheizten Backofen bei 170 °C ca. 40 Minuten backen. Danach auskühlen lassen, auf eine Tortenplatte setzen und einmal waagerecht durchschneiden.

Füllung:

6 Blatt Gelatine
4 cl Amaretto
400 g Apfelmus
500 ml Schlagsahne, geschlagen

Gelatine einweichen, ausdrücken und auflösen. Amaretto dazugeben, alles langsam unter das Apfelmus heben und die Masse gleichmäßig auf dem unteren Boden verteilen. ⅔ der Sahne darauf verstreichen und mit dem zweiten Boden belegen. Torte mit der restlichen Sahne einkleiden.

Marzipandeckel:

400 g Marzipanrohmasse
100 g Puderzucker

Marzipan mit dem Puderzucker verkneten, zwischen Backpapier legen und zu einem großen Kreis ausrollen. Marzipandeckel anschließend über die ganze Torte legen, so dass sie komplett bedeckt ist. Seiten gut andrücken. Nach Geschmack verzieren.

Auf dem Weg von St. Peter-Ording zum berühmten Westerhever Leuchtturm fand ich, traumhaft gelegen, das LANDCAFÉ ÉCLAIR in einem reetgedeckten Bauernhaus von 1935 im Tümlauer-Koog. Hier fühlte ich mich bei der charmanten Besitzerin Clare Döhring-Schogs wie bei einer Freundin zu Besuch. Clare ist Engländerin, was man in ihrem Café sofort spürt. Die Farben sind von „Pink“ dominiert, und die Accessoires und Kuchen sind „very british“. Selbstverständlich werden hier auch französische Spezialitäten angeboten wie zum Beispiel Éclairs, ähnlich dem deutschen Windbeutel. Sie ist eine fantastische Konditorin und Köchin, und unbewusst kriegen die meisten Kuchen und Torten einen englischen Touch. Unser Foto-Shooting für das Café-Buch *Auf die süße Tour* hat uns hier riesigen Spaß gemacht, und wir wurden von Clare im Strandkorb in unseren Pausen mit lukullischen Köstlichkeiten verwöhnt. Neben Torten und Gebäck werden hier auch kleine, aber feine Snacks angeboten.

In den kalten Wintermonaten sitzt Clare in ihrem kuscheligen Reetdachhaus an der Nähmaschine und zaubert wahre Kunstwerke wie Hand-, Bade- oder Kosmetiktaschen, Patchworkdecken und bezaubernde Garderobe für unsere Kleinen für die nächste Saison, die man hier selbstverständlich käuflich erwerben kann.

Kaffee und die köstliche Marzipan-Torte von Clare im Schatten von alten Apfelbäumen zu genießen – diesen Traum erfüllt das LANDCAFÉ ÉCLAIR. Wirklich ein Geheimtipp!

Beldorfer Mühle

Schwarzbrot-Torte

Teig:

9 Eier, getrennt
150 g Zucker
100 g geriebene Mandeln
100 g geriebenes Schwarzbrot

Eigelb und Zucker schaumig schlagen, Eiweiß zu Eischnee schlagen. Mandeln, Schwarzbrot und den steif geschlagenen Eischnee unter die Eimasse heben. Teig in eine mit Backpapier ausgelegte 26-cm-Springform füllen und im vorgeheizten Backofen bei 180 °C ca. 20–30 Minuten backen. Auskühlen lassen, auf eine Tortenplatte setzen und zweimal waagerecht durchschneiden. Den unteren Boden mit einem Tortenring umlegen.

Füllung:

500 ml Schlagsahne, geschlagen
1 Glas Preiselbeeren (450 g)

Karamellisierte Nüsse und Preiselbeertupfen für die Garnitur

Preiselbeeren auf dem unteren Boden verstreichen. Den zweiten Boden auflegen und die Hälfte der Sahne darauf verstreichen. Den dritten Boden auflegen, mit der restlichen Sahne bestreichen und mit den karamellisierten Nüssen und Preiselbeertupfen garnieren.

Nahe der Grüntaler Hochbrücke in Beldorf findet man das Café Beldorfer Mühle von Birte Biss. Ursprünglich stand hier eine sehr schöne Holländer Mühle, bevor sie abgetragen wurde und Teile von ihr in anderen Bauwerken der Gegend verwendet wurden. Es entwickelte sich bei Birte der Traum, aus dem Wirtschaftsgebäude, in dem noch bis 1970 Korn gemahlen wurde, ein gemütliches Café zu eröffnen. Die Räumlichkeiten sind original erhalten worden, sodass der Ursprung erkennbar blieb. Für Gäste von nah und fern ein beliebtes Ausflugsziel, an dem man das geschmackvolle Ambiente des Cafés, die ausgestellte Kunst und im Obergeschoss eine historische Getreidemaschine der alten Mühle von 1907 erleben kann. Hier wird natürlich alles selbst gebacken, und Birtes Schwarzbrot-Torte gehört zu den Rennern des Cafés. Begeistert hat sie uns bei dem Foto-Shooting für das Café-Buch *Auf die süße Tour* mit einigen ausgefallenen Rezepten. Hier bedarf es „vieler Hände Arbeit", und jeder packt mit an.

Unsere Foto-Session machte uns sehr viel Spaß, denn der Wettergott spielte mit, und so konnten Ursula und Hans Dieter nicht nur schöne Innenaufnahmen machen, auch den geschützten Garten in seiner Pracht fotografieren. Nach dem Shooting luden uns Birte und Reiner noch zu einem köstlichen Feierabendschmaus ein, und wir alle waren glücklich und zufrieden über so einen gelungenen Tag. Dafür noch einmal ein großes Dankeschön!

Galerie Café „Schweizer Haus“

Eierlikör-Kirsch-Torte

1 Glas Kirschen (360 g Abtropfgewicht)
250 g Butter
250 g Zucker
6 Eier
300 g Mehl
1 Pck. Backpulver

Kirschen abtropfen lassen.
Butter, Zucker und Eier schaumig schlagen. Mehl und Backpulver vermischen, darübersieben und unterrühren. Kirschen unterheben. Teig in eine gefettete 28-cm-Springform füllen und bei 160 °C ca. 60 Minuten backen. Anschließend gut auskühlen lassen. Boden auf eine Tortenplatte setzen und mit einem Tortenring umlegen.

1 doppelter Espresso
4 cl Rum
Puderzucker
Kakaopulver

Zutaten miteinander verrühren. Mit einem Kochlöffelstiel Löcher in den Boden stechen und mit der Flüssigkeit tränken.

Belag:

500 ml Schlagsahne
Eierlikör

Sahne steif schlagen, auf dem Boden verteilen und üppig mit Eierlikör begießen. Nach Geschmack verzieren.

Auf der Nordseehalbinsel Eiderstedt liegt der malerische Ort Tating, bekannt durch den Hochdorfer Garten. Er ist eines der bedeutendsten Gartendenkmäler Nordfrieslands, und darin befindet sich das bezaubernde Galerie Café Schweizer Haus von Slawomir Musiolik – ein wahrer Wallfahrtsort für Freunde der Gartenschönheit und des Tortengenusses. Ausführlich stellte ich das Café schon in den Büchern *Kann denn Süßes Sünde sein?* und *Winterlich Süßes* vor.

Im 18.–19. Jahrhundert wurde der Hochdorfer Garten angelegt und einer damaligen Mode entsprechend, leistete man sich ein Sommerhaus, das Schweizer Haus.

Hier wird natürlich alles selbst gebacken, und die Auswahl ist groß. Die Tortenstücke werden in besonders großen Stücken serviert. Das Highlight des Cafés ist die Eierlikör-Kirsch-Torte, sie ist der Renner! Aber auch ganz köstliche kleine Gerichte wie Flammkuchen aus dem Steinofen, Salate und Nudelgerichte kann man hier genießen.

Ich kenne Slawomir schon länger, denn für unser Buch *Aufgefischt* haben wir für das Foto-Shooting im Restaurant „Zur Seekiste“ in St. Peter-Ording zusammengearbeitet. Umso mehr freue ich mich, ihn mit seinen beiden „Sahnestücken“, Café wie auch Torte, in diesem Buch in Szene setzen zu können.

Café Küste

Sanddornrolle

Biskuit:

4 Eier
100 g Zucker
70 g Mehl (Typ 405)
40 g Speisestärke

Eier trennen. Eigelb mit 70 g Zucker schaumig rühren. Eiweiß und 30 g Zucker zu Eischnee schlagen und auf die Eigelbmasse geben. Mehl und Stärke vorsichtig unterrühren. Teig auf ein mit Seidenpapier belegtes Backblech streichen und im vorgeheizten Backofen bei 180 °C Umluft ca. 15 Minuten backen. Biskuit auf den mit Zucker bestreuten Arbeitsplatz stürzen und das Seidenpapier anfeuchten, dann lässt es sich besser abziehen.

Füllung:

200 ml Sanddornsaft
100 ml Orangensaft
1 Pck. Vanillezucker
½ Pck. Vanille-Puddingpulver
250 ml Schlagsahne
1 Pck. Sahnesteif
250 g Joghurt
Saft 1 Orange
1 Pck. Vanillezucker
Puderzucker zum Bestreuen

Sanddorn- und Orangensaft mit Vanillezucker aufkochen und mit Puddingpulver abbinden.
Sahne mit Sahnesteif steif schlagen. Joghurt, Orangensaft und Vanillezucker verrühren und die Sahne unterheben.
Biskuit auf mit Zucker bestreutes Seidenpapier legen und mit dem abgebundenen Sanddornsaft bestreichen. Joghurtsahne darauf verteilen, aufrollen und ca. 90 Minuten kalt stellen. Zum Servieren mit Puderzucker bestreuen und in ca. 3,5 cm dicke Scheiben schneiden.

TIPP:
Am besten eignet sich das Seidenpapier, welches der Bäcker benutzt, um seinen Kuchen einzupacken.

Warum in die Ferne schweifen, denn das Gute liegt so nah“, sagte ich mir und besuchte die wunderschöne alte Stadt Meldorf in Dithmarschen mit ihrem berühmten Dom, um für mein Café-Buch … *aber süß muss es sein* ein passendes Café zu finden, für das es sich lohnen würde, eine schöne Porträt-Story zu machen. Ich wohne in Dithmarschen und hätte endlich mal einen Heimvorteil und müsste nicht so weit fahren. Nur wenige Schritte vom historischen Marktplatz entfernt, fand ich in der Fußgängerzone das Café Küste von der charmanten Besitzerin Antje Eichler. Die Chemie zwischen uns stimmte sofort, das ist für mich ja immer ein wichtiger Punkt, und trug später zu einer intensiven Zusammenarbeit bei. Sie ist gelernte Konditorin und backt natürlich alles selbst. Als tolle Gastgeberin, die sie ist, ließ sie mich natürlich sofort einige Kuchen und Torten probieren, und ich kann nur sagen – einfach köstlich. Plumtorte, Himbeer-Mandel-Baiser oder Baileys-Krokant. Mein Favorit war die Sanddornrolle. Sie schmilzt auf der Zunge und schmeckt ganz besonders gut. Diese ausgefallene Rezeptur konnte ich ihr für mein Buch entlocken. In der ehemaligen Bäckerei richtete sie ihre zwei Caféräume geschmackvoll ein, und im Dezember 2011 konnte eröffnet werden. Es ist ein Café entstanden, in dem man sich rundum wohlfühlt. Ein Besuch im Café Küste ist immer ein lukullisches Erlebnis, und Antje Eichler wird Sie herzlich empfangen und ist immer zu einem Klönschnack bereit.

Hof Radlandsichten

Hofcafé Bauernstübchen

Windbeutel-Torte mit roter Grütze

Biskuit:

5 Eier
130 g Zucker
1 Pck. Vanillezucker
1 Prise Salz
Abrieb von einer ½ Zitrone, unbehandelt
100 g Mehl
75 g Speisestärke
½ Pck. Backpulver

Eier und Zucker auf höchster Stufe ca. 8 Minuten schaumig schlagen, bis eine dickliche Masse entsteht. Vanillezucker, Salz und Zitronenabrieb hinzutun. Mehl, Speisestärke und Backpulver vermischen, darüber sieben und vorsichtig unterheben. Teig in eine 28-cm-Springform füllen und im Backofen bei 170 °C Umluft 30 Minuten backen (nicht vorheizen). Danach auskühlen lassen. Boden auf eine Tortenplatte setzen und einmal waagerecht durchschneiden. Den unteren Boden mit einem Tortenring umlegen. Den zweiten Boden eventuell einfrieren.

Belag:

2 Becher Schmand (á 200 g)
1 EL Sofortgelatine
8 EL Gelierzucker
400 ml Schlagsahne, geschlagen
1 Pck. TK-Windbeutel

Schmand mit Gelatine und Gelierzucker verrühren, Schlagsahne unterheben. Die Hälfte der Masse auf dem Boden verstreichen. Windbeutel darauf verteilen. Die zweite Hälfte der Masse darauf geben und anschließend kühl stellen.

Rote Grütze:

300 g rote Früchte nach Belieben
(Erdbeeren, Kirschen,
Himbeeren, Johannisbeeren)
350 ml Kirschsaft
30 g „Rote-Grütze-Pulver“
50 g Zucker

Früchte in eine Schüssel geben. 50 ml Kirschsaft mit Rote-Grütze-Pulver glattrühren. Kirschsaft aufkochen und damit andicken. Anschließend unter die Früchte heben. Nach Geschmack zuckern. Danach abkühlen lassen, auf der Torte verteilen und nochmals kühlen.

Kennen Sie das Gefühl, dass Ihr Navi Sie immer im Kreis führt und Sie nach einer Weile feststellen, dass genau das der Fall ist? Ich liebe mein Navi. Es führt mich in die entlegensten Ecken unseres wunderschönen Nordens. Nur bei der Anfahrt zum Ferienhof Radlandsichten in Malente haben wir uns zerstritten. Für mein Café-Buch *Süßes zum Anbeißen* wollte ich mir das dazu gehörende Café vorab einmal anschauen, nur fand ich es nicht. Da fiel mir die Sache mit dem Update wieder ein, an das mich meine Töchter immer wieder erinnern …

Aber die Suche hat sich gelohnt. Hinter den Bergen bei den sieben Zwergen liegt dieses außergewöhnliche Anwesen mit seinem entzückenden Hofcafé Bauernstübchen. Besitzerin ist die unglaublich nette und einem sofort vertraute Kathrin Dehn-Schumacher, eine rheinische Frohnatur aus Köln. Sie hat das unglaubliche Know-how für diesen Betrieb. Im Umkreis von einem Kilometer gibt es keine öffentliche Straße, nur ein kleiner Feldweg, gesäumt von Knicks und Feldern, führt zum Café. Es befindet sich im alten Deputathaus, in dem früher die Melker- und Landarbeiterfamilien untergebracht waren.

Hier wird natürlich alles selbst gebacken. Ich konnte Kathrin für unser Café-Buch traumhaft gute Tortenrezepte entlocken, wobei für mich die Windbeutel-Torte mit roter Grütze ein wahrer Gaumenschmaus ist. Das war wieder eine Foto-Session, die auf die Hüften schlug, aber alles schmeckte so lecker, dass man nicht widerstehen konnte.

Oft führt ein steiniger Weg zum Erfolg. Meine Suche hat sich wirklich gelohnt, und eigentlich ist es ganz leicht, das Café zu finden. Gewusst wo! Und hören Sie zwischendurch mal auf Ihre Töchter, zwecks Update!

Café Kranz

Käse-Sahne-Torte

Biskuit:

4 Eier
1 Prise Salz
100 g Zucker
75 g Mehl
50 g Speisestärke

Eier trennen. Eiweiß aufschlagen. Salz, Zucker und Eigelb hinzufügen. Mehl und Speisestärke vermischen, darübersieben und vorsichtig unterheben. Den Teig in eine mit Backpapier ausgelegte 28-cm-Springform füllen und im vorgeheizten Backofen bei 200 °C 20 Minuten backen. Danach gut auskühlen lassen, auf eine Tortenplatte setzen und einmal waagerecht durchschneiden. Den unteren Boden mit einem Tortenring umlegen.

Füllung:

500 g Magerquark
150 g Zucker
etwas Zitronenabrieb, unbehandelt
1 TL Vanillezucker
4 Blatt Gelatine, weiß
1 Schuss Milch
500 ml Schlagsahne, geschlagen
blanchierte Aprikosen od. frisches Obst nach Wahl

Quark, Zucker, Zitronenschale und Vanillezucker verrühren. Gelatine in kaltem Wasser einweichen, ausdrücken und in erhitzter Milch auflösen. Nach und nach unter die Quarkmasse rühren und kalt stellen. Die Sahne unterheben wenn die Masse anfängt zu gelieren.
Unteren Boden mit Obst belegen und ⅔ der Sahne-Quarkmasse darauf verteilen. Mit dem zweiten Boden belegen. Restliche Sahne-Quarkmasse einfüllen, glatt streichen und 4–5 Stunden im Kühlschrank fest werden lassen. Nach Geschmack dekorieren.

Die traumhafte Landschaft Angelns ist auch im Winter wunderschön. Das stellten wir auf unserer Recherche-Fahrt fest, auf der mich meine Freundin Frauke Köster – sie besitzt das Gartencafé in Süderdeich – begleitete, fest. Kurz vor Gelting in Niesgrau lasen wir ein Schild Café Kranz. Dieses Café hatten wir gar nicht auf unserer Liste stehen. Solche Zufälle sind natürlich ein Glücksfall. Ganz versteckt lag es auf einer Anhöhe, und wir wollten es unbedingt ansehen. Mit einem freundlichen „Moin, Moin" begrüßte uns das zauberhafte Ehepaar Gabriele und Lutz-Henning Walter. Sofort begeisterten uns die fünf verschiedenen Gasträume, die mit viel Liebe zum Detail eingerichtet sind. Im Hintergrund lief argentinische Tango-Musik, die das besondere Flair dieses Cafés untermalte und die mich sofort anpackte. Wie toll! Und das im hohen Norden. Dabei erfuhren wir, dass Gabriele und Lutz-Henning nicht nur fantastische Kuchenbäcker sind – Lutz-Henning ist für die Blechkuchen und Gabriele für die filigranen Torten verantwortlich –, sondern auch, dass der Tango Argentino für sie eine Lebensphilosophie geworden ist.

Dieses Café musste ich einfach in meinem Café-Buch *Süßes für die Seele* vorstellen. Wir verbrachten einen wundervollen, kreativen Arbeitstag, und Ursula und Hans Dieter setzten alles mit viel Liebe in Szene. Alle Torten und Kuchen haben wir mit Hochgenuss probiert, und mein Highlight war Gabrieles Käse-Sahne-Torte. Einfach köstlich. Noch etwas ist dabei herausgekommen: mein Interesse für den Tango Argentino, und ich belegte sofort in Hamburg einen Tanzkurs. Ursula und Hans Dieter konnte ich leider nicht dazu überreden. Für mich war der Aufenthalt im Café Kranz ein faszinierendes Erlebnis, und ich kann Ihnen einen Besuch dort nur empfehlen. Ein Juwel in der Geltinger Bucht!

Café To'n Windbüdel

Mühlenbüdel Windmühle Grebin

Teig:

100 ml Wasser
100 ml Milch
50 g Butter
160 g Mehl
1 Ei

Wasser, Milch und Butter zum Kochen bringen. Mehl hinzugeben und umrühren. Die Masse abrösten. Abkühlen lassen und das Ei hinzufügen. Teig in einen Spritzbeutel füllen und kleine Portionen auf ein mit Backpapier belegtes Backblech spritzen. Ca. 25–30 Minuten bei Anfangstemperatur von 210 °C, abfallend auf ca. 180 °C, backen.

Füllung:

Baisers
pro Windbüdel 2 EL Fruchtgrütze
Schlagsahne, geschlagen
Vanilleeis
Eierlikör nach Belieben

Zwei frauenfaustgroße Windbüdel aufschneiden und nebeneinander auf einen Teller legen. Die unteren Seiten mit zerbröckelten Baiserstücken bestreuen. Je 2 EL Fruchtgrütze – es muss nicht immer nur Kirsch sein – darauf geben. Ungesüßte Sahne (Baiser ist süß genug) flott auftürmen, die Deckel draufsetzen und nochmals mit Baiser überstreuen. Ganz flott zwei Kugeln Vanilleeis vorlegen und diese nach Geschmack mit Eierlikör übergießen. Nach Belieben garnieren.

Mein großer Traum einmal ein Mühlencafé zu finden, hat sich in Grebin in der Holsteinischen Schweiz erfüllt. Zehn Jahre lang war ich dafür auf der Suche. Auf der Recherche-Tour für das Café-Buch *Süßes zum Anbeißen* wurde ich fündig. Majestätisch stand sie auf dem Mühlenberg, die Mühle „Wagria" aus dem Jahre 1851, und das machte mich sehr glücklich. In ihr befindet sich das gemütliche, rustikale Café To'n Windbüdel von Tina Benz. Sie ist Zauberfeengartengestalterin und ausgebildete Mezzo-Sopranistin. Tina und ihr Lebenspartner Hans-Jürg Buss haben etwas Einzigartiges geschaffen: das „ErlebnisReich Gestüt Schierensee". Hier züchtet Hans-Jürg Achal Tekkiner. Diese zählen zu den ältesten Pferderassen der Welt und stammen aus Turkmenistan. Die bezaubernde Tina ist verantwortlich für die gesamte Gestaltung der Anlage. Als gelernte Gärtnerin schuf sie den verwunschenen Zauberfeenwald und den Zauberfeengarten mit Blick auf den Schierensee und den gegenüber liegenden Mühlenberg mit der historischen Mühle. Das ErlebnisReich beinhaltet nicht nur das Gestüt, sondern auch noble Ferienhäuser. Dazu kam dann die Mühle, und im Mai 2016 konnte darin das Café eröffnet wer. Ein reines Sommercafé. Als Ausweichmöglichkeit für den Winter findet man auf dem Gestüt das KafFEEchen, das lütt und kuschelig ist. Von einer tollen Crew wird alles selbst gebacken. Das Highlight sind die gefüllten Mühlenbüdel, eine Spezialität des Hauses. Wenn man Glück hat, sieht man Tina, die „Müllerin vom Schierensee", wie sie mit Torten beladen, im Ruderboot sitzend, Tortennachschub zum Café rudert.

Einfach eine tolle Frau!

Marien-Café

Flensburger Rumtorte

Biskuit:
5 Eier
225 g Zucker
100 ml Wasser
½ Pck. Backpulver
225 g Mehl

Eier trennen. Eiweiß mit 75 g Zucker kräftig aufschlagen, bis es eine feste Konsistenz erreicht hat. Parallel das Eigelb mit 150 g Zucker und 100 ml Wasser vermengen und solange schlagen bis die Ei-Zuckermasse hellgelb und cremig ist.
Eischnee und Ei-Zuckermasse vermengen. Backpulver und Mehl vermischen, darübersieben und unter die Masse heben. Teig in eine mit Backpapier ausgelegte 26-cm-Springform geben und bei 150 °C Heißluft ca. 50 Minuten backen. Anschließend gut auskühlen lassen. Danach den Boden auf eine Tortenplatte setzen und zweimal waagerecht durchschneiden. Den unteren Boden mit einem Tortenring umlegen.

Füllung:
300–400 g Rosinen
200 ml Braasch Rum
200 g Mandelblättchen
100 g Zucker

Die Rosinen 1–2 Tage vorher in Rum einlegen und ziehen lassen. Mandelblättchen auf einem Backblech verteilen, mit Zucker bestreuen und ca. ¼ Stunde bei 200 °C im Backofen rösten.

900 ml Schlagsahne
2 Pck. Vanillezucker
20 Trüffelkugeln

Sahne steif schlagen und kurz vor der Fertigstellung der Sahne den Vanillezucker je nach Geschmacksstärke hinzufügen. Die abgetropften Rum-Rosinen unter die Sahne heben und die Masse auf die Böden schichten. Abschließend die Torte mit gerösteten Mandeln einstreichen und mit den restlichen Rum-Rosinen und Trüffelkugeln dekorieren.

Während unserer Produktion für das Café-Buch *Süßes für die Seele* zog die Inhaberin Kerstin Meurer mit ihrem Marien-Café und den 3000 Kaffeekannen von der Norderstrasse in Flensburg zum Hafen in die Ballastbrücke 22 um. Eine wunderschöne Jugendstilvilla aus dem Jahre 1902 wurde die neue Heimat des Cafés.

An die Fotoaufnahmen erinnere ich mich noch sehr gerne, denn sie waren etwas ganz Besonderes. Die ganze Villa befand sich noch im Umbau, und ich versprach Kerstin, den Fototermin ganz an den Schluss der Produktion zu setzen. Extra für die Aufnahmen schaffte sie es, die Bauhandwerker zur Fertigstellung zweier Räume zu becirzen. Sie befinden sich im Obergeschoss und konnten damals nur über eine lange Leiter erreicht werden. Schon das Emporklettern war nicht einfach und entbehrte oft nicht einer gewissen Komik, denn wir mussten unser ganzes Fotoequipment auch über die Leiter transportieren. Außerdem waren die Fußböden in den Räumen gerade versiegelt worden. Alles war noch ganz frisch und durfte eigentlich noch nicht betreten werden. Kerstins Mutter hatte uns dreien dicke Socken gestrickt, damit wir die Böden nicht verletzten. So schlitterten wir die ganze Zeit durch die Gegend, und Ursula und Hans Dieter machten traumhafte Fotos von Kuchen, Torten und den Innenräumen. Alles Andere war Großbaustelle. Am 4. Januar 2013 konnte eröffnet werden, und alle Gäste waren von der Lage und dem Ambiente begeistert. Die beeindruckende Villa im leuchtenden Schwedenrot zählt für mich zu den Top-Ten-Cafés des Nordens.

Kanal 33

Apfel-Grieß-Torte mit Zitronenglasur

Teig:

4 Eier
2 EL lauwarmes Wasser
200 g Zucker
30 g Mehl
2 gestr. TL Backpulver
200 g Grieß

Eier trennen. Eigelb, Wasser und 100 g Zucker schaumig schlagen. Eiweiß steif schlagen, dabei 100 g Zucker einrieseln lassen und unter die Eigelbmasse ziehen. Mehl und Backpulver sieben, mit Grieß mischen und unterheben.
Teig in eine mit Backpapier ausgelegte 28-cm-Springform füllen und im nicht vorgeheizten Backofen bei 175 °C ca. 45 Minuten backen. Anschließend gut auskühlen lassen. Boden auf eine Tortenplatte setzen und einmal waagerecht durchschneiden. Den unteren Boden mit einem Tortenring umlegen.

Füllung:

4–6 Äpfel (Elstar)
6 EL Zitronensaft
2 Pck. Vanillezucker
1 EL Zucker
750 ml Schlagsahne
3 Pck. Sahnesteif
150 g Puderzucker

Äpfel waschen, schälen, entkernen und klein schneiden. In einem Topf sofort mit 4 EL Zitronensaft beträufeln. Mit Vanillezucker und 1 EL Zucker zugedeckt 3–4 Minuten dünsten. Danach auskühlen und abtropfen lassen.
Sahne portionsweise steif schlagen, Sahnefestiger einrieseln lassen.
Boden mit der Hälfte der Sahne bestreichen. Äpfel darauf geben und mit der restlichen Sahne bedecken. Den zweiten Boden darauf setzen. Puderzucker mit 1–2 EL Zitronensaft verrühren, die Torte damit überziehen und trocknen lassen. Ca. 8 Stunden kalt stellen. Nach Geschmack verzieren.

Die Liebe zu Wasser, Häfen und Schiffen entwickelte sich sehr früh in meiner Kindheit, denn die ersten Lebensjahre verbrachte ich oft am Hamburger Hafen auf dem Fischmarkt, wo mein Vater einen Krabbengroßhandel betrieb. Noch heute lösen Hafengeräusche wie das Tuckern der Barkassen, das Tuten der großen Pötte oder Möwengeschrei eine gewisse wohlige Stimmung in mir aus. Darum zieht es mich auch oft an den Nord-Ostsee-Kanal, an dem man lange Strecken mit dem Rad entlang fahren kann. Solche Ausflüge gönne ich mir öfters und verbinde damit gleichzeitig eine Recherche für meine Café-Bücher, um schöne Cafés für Sie zu finden. Es gibt nämlich von Brunsbüttel bis Kiel-Holtenau ziemlich viele davon. Dabei fand ich in Schafstedt in Dithmarschen das Café Kanal 33. Es ist etwas Besonderes in vielerlei Hinsicht, denn man kann hier nicht nur gemütlich Kaffee trinken und köstlichen Kuchen genießen, sondern es hat auch eine Pension und einen Biergarten direkt am Ufer des Kanals. Hier wird man von der sehr netten Familie Lucht herzlich empfangen und mit großer Hingabe bewirtet. Alles wird selbst gebacken, und eines der Highlights ist die Apfel-Grieß-Torte mit Zitronenglasur. Alles erste Sahne!

Der Aufenthalt hier im Café für unsere Foto-Produktion des Café-Buches *Auf die süße Tour* hat mir riesigen Spaß gemacht. Und die vorbei fahrenden Schiffe erinnerten mich an Songs, die ich als Schlagersängerin einmal aufgenommen hatte. Zum Beispiel „Weil er ein Seemann war" oder „Auch ein Seemann schenkt dir Rosen" … Also Schiffe, Hafen und Fernweh lassen mich einfach nicht los. Da kann man meine Begeisterung für dieses Café doch verstehen.

Café Zur Kutscherscheune

Kutschertorte

Biskuit:

4 Eier, getrennt
4 EL Wasser
200 g Zucker
200 g Mehl
1 TL Backpulver

Eigelb, Wasser und Zucker ca. 10 Minuten schaumig schlagen. Eiweiß steif schlagen und unterheben. Mehl und Backpulver vermischen und unter die Eimasse heben. Den Teig in eine mit Backpapier ausgelegte 28-cm-Springform füllen und im vorgeheizten Backofen bei 160 °C Umluft 40 Minuten backen. Anschließend gut auskühlen lassen und einmal waagerecht durchschneiden. Einen Boden auf eine Tortenplatte setzen und mit einem Tortenring umlegen. Der zweite Boden lässt sich wunderbar einfrieren.

Creme:

6 Blatt Gelatine
2 Dosen Mandarinen
(à 175 g Abtropfgewicht)
125 ml Mandarinensaft
20 g Zucker
2 EL Vanillezucker
800 g Schmand

Gelatine in kaltem Wasser einweichen. Mandarinen abtropfen lassen, Saft auffangen. Saft mit Zucker, Vanillezucker und Schmand verrühren. Gelatine ausdrücken, in etwas Mandarinensaft oder Wasser auflösen und unter die Creme rühren. Mandarinen vorsichtig unterheben. Anschließend auf dem Biskuitboden verstreichen und ca. 3 Stunden in den Kühlschrank stellen.

Bällemasse:

3 Blatt Gelatine
500 ml Schlagsahne
100 g Instant-Getränkepulver, Orange
3 EL Vanillezucker
Gehackte Pistazien und Kakaopulver zum Bestreuen

Gelatine einweichen und auflösen. Sahne steif schlagen, dabei das Getränkepulver und den Vanillezucker einrieseln lassen. Anschließend die aufgelöste Gelatine unterrühren. Die Orangensahne ebenfalls 3 Stunden kühlen. Anschließend mit einem Eisportionierer Bälle abstechen und auf der Schmandcreme verteilen. Zum Schluss Pistazien und Kakaopulver auf die Bälle streuen.

Um die schönsten und interessantesten Cafés im Norden zu finden, fahre ich immer im Winter auf Recherche-Tour durch die Lande. Wenn mir der Garten und das Ambiente gefällt, kann es im Sommer zu unseren Fotoaufnahmen nur noch schöner werden, wenn alles grünt und blüht.

Auf meiner Tour durch das wunderschöne südöstliche Schleswig-Holstein fand ich zum Beispiel im Naturpark Lauenburgische Seen das beeindruckende Anwesen Gut Groß Zecher, direkt am Schaalsee gelegen. Schon bei der Anfahrt zum Gut über die uralte Lindenallee erblickt man das Herrenhaus und spürt sofort Gutshofidylle. Das Gut ist seit 1681 in Familienbesitz der Witzendorffs. Café und Restaurant Zur Kutscherscheune befindet sich im alten Pferdestall des Gutes. Er ist auch der Namensgeber. Hier traf ich die liebenswerte Besitzerin Hannelore von Witzendorff. Wir hatten sofort einen so netten Kontakt, als würden wir uns seit Jahren kennen. Bei Kaffee und köstlichem Kuchen kamen wir so richtig ins Klönen, und ich verliebte mich in das herrliche Fleckchen Erde und in das Ambiente des Cafés. Der ganze Komplex war für meine Jubiläumsausgabe *Süßes zum Anbeißen* wirklich eine Attraktion, und wir verabredeten ein Foto-Shooting im Sommer. Von Anfang an backt hier die großartige und sehr beliebte Claudia Hardekopf-Daene mit ihrem Team. Sie ist eine wahre Meisterin und Rezepteerfinderin, und ihre Kutschertorte ist hier der Renner. Sie darf niemals fehlen. An einem traumhaften Sommertag am Schaalsee setzten wir alle Kuchen und Torten optimal in Szene.

Mir hat es hier so gut gefallen, dass ich beschloss, in einem der vielen Appartements zu übernachten und mich abends kulinarisch verwöhnen zu lassen. Im Café Zur Kutscherscheune werden alle Sinne gestreichelt.

Alte Kaffeewirtschaft

Himbeersahne-Torte

Biskuit:
4 Eier
2 EL warmes Wasser
175 g feiner Zucker
1 Pck. Vanillezucker
1 Prise Salz
Abrieb 1 Zitrone (unbehandelt)
100 g Mehl
100 g Speisestärke
2 gestr. TL Backpulver
30 g Kakao

Füllung:
800 ml Schlagsahne
(35 % Fettgehalt)
500 g Himbeeren
Mandelsplitter zum Verzieren

Eier trennen. Eigelb mit Wasser schaumig rühren. Nach und nach Zucker, Vanillezucker, Salz und Zitronenabrieb dazugeben. Die Masse cremig schlagen. Eiweiß zu steifem Schnee schlagen und auf die Eigelbcreme geben. Mehl, Speisestärke, Backpulver und Kakao mischen, auf die Eiweißmasse sieben und vorsichtig unterheben. Teig in eine mit Backpapier ausgelegte 26-cm-Springform füllen. Sofort 20–30 Minuten bei 175–195 °C backen. Anschließend den Boden gut auskühlen lassen und zweimal waagerecht durchschneiden.

Sahne steif schlagen. 200 g Himbeeren mit dem Pürierstab pürieren und unter die Sahne mengen. Auf zwei Böden eine Schicht Sahne verstreichen, mit Himbeeren belegen und die drei Böden aufeinander setzen. Die ganze Torte mit Sahne einkleiden und ca. 1 Stunde kühl stellen. Anschließend mit Mandelsplittern und Früchten verzieren.

Genau vor elf Jahren fiel hier in der Alten Kaffeewirtschaft in Aukrug der „Startschuss“ für unsere erfolgreiche Café-Buch-Serie, und wir konnten sie in dem Buch *Eine Sünde wert …* ausgiebig vorstellen. Von außen sehr hübsch und gepflegt, erkennt man den typischen ehemaligen Bauernhof dieser Gegend. Er liegt im grünen Herzen Schleswig-Holsteins. Nicht nur die wunderschöne Umgebung, sondern auch die Torten- und Kuchenkreationen hatten es uns angetan. Die Innenräume sind stilvoll mit antiken und modernen Möbeln eingerichtet, und zur Empore führt eine attraktive Treppe, die aus dem Café etwas ganz Besonderes macht. Man fühlt sich einfach sofort wohl. Hinzu kommt die großzügige Terrasse mit vielen Strandkörben, die zum Entspannen und Genießen einladen.

Die charmanten Besitzerinnen Doris Beyer und Nicole Grünewald haben das Know-how, um ihre Gäste glücklich zu machen. Die leckeren Torten und Kuchen werden in der hauseigenen Backstube hergestellt. Es wird gebacken und dekoriert, und ständig werden neue Rezepturen entwickelt. Man kann hier auch frühstücken und jeden zweiten Donnerstag findet ab 18:30 Uhr ein Café-Abend mit kleinen Snacks statt.

Den traumhaften Naturpark Aukrug zu erkunden und sich anschließend von Doris und Nicole verwöhnen zu lassen, das ist allemal einen Besuch wert.

Deicheck Café

Deicheck-Torte

Weisse Schokosahne mit Eierlikör

Schoko-Biskuit:

4 Eier
120 g Zucker
4 EL Orangensaft
100 g Mehl
10 g Backpulver
20 g Speisestärke
30 g Backkakao
Fett für die Form

Eier, Zucker und Orangensaft schaumig schlagen. Mehl, Backpulver, Stärke und Kakao vermischen und in Portionen unter den Eischaum heben. Teig in eine gefettete 26-cm-Springform füllen und im Backofen bei 160 °C Umluft ca. 25 Minuten backen. Danach auskühlen lassen. Boden auf eine Tortenplatte setzen und einmal waagerecht durchschneiden.

Füllung:

850 ml Schlagsahne
8 gehäufte TL weißes Trinkschokoladenpulver
30 g Zucker
27 g Sahnesteif
2 EL Johannisbeer-Gelee
100 ml Eierlikör
Schokoraspel

Sahne mit weißem Schokoladenpulver vermischen und mit Zucker und Sahnesteif aufschlagen. Den unteren Boden mit Johannisbeer-Gelee bestreichen und die Hälfte der Sahnemasse darauf verteilen. 50 ml Eierlikör darüber gießen. Mit dem zweiten Boden als Deckel belegen und den Rest der Sahne darauf verstreichen. Den restlichen Eierlikör als „Spiegel“ darauf gießen. Anschließend 2 Stunden kühlen, damit der Eierlikör fest wird. Mit Schokoraspel verzieren.

Eines der ältesten Häuser in St. Peter-Ording befindet sich in der Dorfstraße Nr. 1, über den ersten Eintrag von 1776 liest man in der Dorfchronik. Dieses Haus kenne ich seit Jahrzehnten, denn wenn wir Oma in St. Peter besuchten, spazierten wir oft die Dorfstraße entlang bis zum Marktplatz. Im Vorbeigehen dachte ich immer, was für eine traumhafte Lage dieses Haus hat und wie schade, dass man daraus nicht mehr macht. Jahre später wurde ich von einer Leserin darauf hingewiesen, dass in diesem alten Haus das Deicheck Café eröffnet werden soll. Was für ein Glückstreffer für mich, denn ein Café in St. Peter-Ording suchte ich schon lange. Das liebenswerte Ehepaar Dagmar und Stefan Jensen hatte das Haus gekauft, und tolle Architekten und Handwerker haben ihre Ideen und Wünsche sehr gut umgesetzt. Es ist ein wahres Schatzkästchen geworden. Der Innenraum ist sehr geschmackvoll eingerichtet, und sein Schmuckstück ist der venezianische Kronleuchter aus Murano-Glas. Dieses Café musste unbedingt mit in das Café-Buch *Süßes zum Anbeißen*. Ursula und Hans Dieter, meine Fotografen, waren hell begeistert und hängten gleich ein paar Urlaubstage dran.

Dagmar und ihr Team backen alles selbst, und der Spitzenreiter ist ihre Deicheck-Torte. Immer, wenn ich mit meiner Familie durch St. Peter-Ording bummle, ist ein Besuch im Deicheck Café ein Muss, und die leckeren Kuchen sind eine Sünde wert.

GEPA

Café Bischofsherberge

Eierlikörtorte

GLUTENFREI

Biskuitroulade:

8 Eier, getrennt
140 g Zucker
190 g Kartoffelmehl
24 g Backpulver
Mark einer ½ Vanilleschote

Aprikosenmarmelade

Eigelb mit der Hälfte des Zuckers warm aufschlagen. Kartoffelmehl, Backpulver und Vanillemark unterrühren. Eiweiß mit dem restlichen Zucker zu Eischnee schlagen und unter die Masse heben. Zwei Backbleche mit Backpapier belegen, den Biskuitteig darauf verteilen und glatt streichen. Im vorgeheizten Backofen bei 150 °C Umluft 10 Minuten abbacken. Beide Böden mit Aprikosenmarmelade bestreichen, aufrollen und kalt stellen.
Eine Schüssel von 26 cm Durchmesser mit Frischhaltefolie auslegen. Die erkalteten Rouladen in 1 cm dicke Scheiben schneiden und die Schüssel damit dicht an dicht auslegen.

Biskuit:

4 Eier, getrennt
120 g Zucker
100 g Kartoffelmehl
12 g Backpulver
Mark einer ½ Vanilleschote

Eigelb mit der Hälfte des Zuckers warm aufschlagen. Kartoffelmehl, Backpulver und Vanillemark unterrühren. Eiweiß mit dem restlichen Zucker zu Eischnee schlagen und vorsichtig unter die Masse heben. Teig in einen mit Backpapier unterlegten 28-cm-Tortenring füllen und im vorgeheizten Backofen bei 150 °C Umluft 30 Minuten backen. Danach auskühlen lassen und einmal waagerecht durchschneiden.

Eierlikörsahne:

10 Blatt Gelatine
1000 ml Schlagsahne
50 g Zucker
200 ml Eierlikör

Gelatine in kaltem Wasser einweichen. Sahne mit Zucker steif schlagen. Eierlikör zur geschlagenen Sahne rühren. Gelatine auflösen. Einen Teil der geschlagenen Sahne abnehmen (kalt/warm Abgleich), mit der Gelatine zusammen rühren und dann zur restlichen Sahne hinzufügen und unterrühren.
Die Hälfte der Eierlikörsahne in die mit Biskuitrollen ausgekleidete Schüssel füllen und mit einem aufgeschnittenen Biskuitboden belegen. Restliche Eierlikörsahne darauf verstreichen und mit dem zweiten Boden belegen. 12 Stunden im Kühlschrank kalt stellen und danach auf eine Tortenplatte stürzen. Zum Servieren mit Eierlikör und nach Belieben mit Schokoraspel garnieren.

Zu Füßen des Ratzeburger Doms auf der Dominsel fand ich das von der Vorwerker Diakonie betriebene Café Bischofsherberge, eine Empfehlung von Ursula und Hans Dieter, die hier schon oft Rast gemacht hatten und von den malerischen historischen Räumlichkeiten und den köstlichen Kuchen und Torten schwärmten. Diesen Tipp ließ ich mir nicht zweimal geben, und ich machte mich auf in den Naturpark Lauenburgische Seen und in den wunderschönen Luftkurort Ratzeburg, um mich für eine Foto-Session für das Café-Buch *Süß und verführerisch* zu verabreden.

Das Team besteht aus Menschen mit und ohne Behinderung, die gemeinsam mit einer ausgebildeten Konditorin neue süße Kreationen erfinden. Hier wird alles selbst gebacken. Das Highlight ist natürlich die Eierlikörtorte. Sehr beliebt sind im Café die kleinen Fensternischen, in denen man gemütlich sitzen und den Kuchen genießen kann. Dazu wird einem ein wunderschöner Blick auf den Ratzeburger See geboten. Der berühmte Maler und Bildhauer Ernst Barlach verbrachte hier Ende des 19. Jahrhunderts seine Jugend, und auch sein Grabmal ist hier zu finden.

Auf kulturellen Pfaden durch Ratzeburg zu schlendern und sich anschließend im Café Bischofsherberge von der immer freundlichen Crew verwöhnen zu lassen, macht richtig glücklich.

Kaffeestuuw in de Hörn

Erdbeer-Baiser-Torte

Rührteig:

140 g Margarine
125 g Zucker
5 Eigelb
1 TL Backpulver
150 g Mehl

Margarine mit Zucker schaumig rühren. Eigelb und das mit Backpulver gesiebte Mehl dazugeben und gut unterrühren. Teig auf zwei mit Backpapier ausgelegte 28-cm-Springformen verteilen.

Baiser:

5 Eiweiß
200 g Zucker
100 g Mandelblättchen

Eiweiß steif schlagen, Zucker einrieseln lassen und rühren bis sich der Zucker aufgelöst hat. Eischnee auf beide Böden wolkenartig verteilen und mit Mandelblättchen bestreuen. Beide Böden gleichzeitig im vorgeheizten Backofen bei 160 °C Umluft ca. 30 Minuten backen. Danach auskühlen lassen.
Einen Boden sofort nach dem Backen in 12 Teile teilen. Den zweiten Boden auf eine Tortenplatte setzen und mit einem Tortenring umlegen.

Füllung:

500 g Erdbeeren
50 ml Erdbeersirup
200 ml Wasser
1 Pck. Tortenguss, rot
400 ml Schlagsahne
½ Pck. Vanillezucker

Erdbeeren waschen, putzen, klein schneiden und auf dem unteren Baiser-Boden verteilen. Erdbeersirup, Wasser und Tortenguss nach Packungsanweisung anrühren, aufkochen, über die Erdbeeren geben und abkühlen lassen.
Sahne steif schlagen, dabei den Vanillezucker einrieseln lassen und auf die Erdbeeren streichen. Die geschnittenen Baiserstücke auflegen.

Deko:

100 ml Schlagsahne, geschlagen
6 schöne Erdbeeren
Zebraröllchen

Auf jedes Baiserstück einen Sahnetuff spritzen und mit einer halben Erdbeere und Zebraröllchen verzieren.

Tipp:

Anstelle von Erdbeeren eignen sich auch sehr gut Pflaumen, Kirschen oder Stachelbeeren.

Im Speckgürtel Hamburgs, im beschaulichen Brokdorf direkt an der Elbe, liegt das zauberhafte Café Kaffeestuuv in de Hörn. Im Café-Buch *Hier gibt's Süßes* habe ich es ausführlich beschrieben. Unsere Zusammenarbeit mit der Pächterin Heike Bolten hatte so viel Spaß gemacht, dass wir weitere Pläne schmiedeten. Dabei erzählte sie mir, dass jeden ersten Sonntag im Monat ein Frühstücksbuffet bei ihr angeboten wird. Wir sprachen über Rezepturen, die mich neugierig machten, und verabredeten uns für ein weiteres Foto-Shooting für das Buch *Frühstück auf dem Lande*. Ursula und Hans Dieter waren sofort hell begeistert und hatten die Idee, einen gedeckten Frühstückstisch mitten auf den Deich zu stellen, denn sie wollten die Elbe im Hintergrund haben. Bei strahlendem Sonnenschein trugen wir im Gänsemarsch Kameras, Licht, Tisch und alle Requisiten mühselig den Deich hinauf. Wir hatten aber nicht mit dem starken Wind, der auf dem Deich wehte, gerechnet. Alles wirbelte natürlich durch die Gegend, und wir waren mehr damit beschäftigt, die weggewehten Utensilien einzusammeln, als hinter der Kamera zu stehen. Es war wirklich eine sehr komische Situation, und wir haben viel gelacht. Natürlich gelang ein wundervolles Foto und wie bestellt fuhr auch noch ein Schiff vorbei.

Heike ließ es sich nicht nehmen, uns anschließend in ihrer nostalgischen Cafèstube mit Kaffee und ihrer wunderschön ausdekorierten Erdbeer-Baiser-Torte zu verwöhnen.

Direkt am Elbdeich in wunderschöner Landschaft – ein schönes Ausflugsziel.

Rißler-Hof

Eiskaffee-Sahne-Torte

Biskuit:

6 Eier
150 g Zucker
150 g Mandeln, gemahlen
3 EL Paniermehl
1 Pck. Backpulver
50 g Schokostreusel

Eier trennen. Eigelb mit Zucker schaumig schlagen. Mandeln, Paniermehl und Backpulver vermischen und unterrühren. Eiweiß steif schlagen und mit den Schokostreusel unterheben. Teig in eine 28-cm-Springform füllen und im vorgeheizten Backofen bei 175 °C ca. 35–40 Minuten backen. Anschließend gut auskühlen lassen. Vom Tortenboden einen 1 cm dicken Deckel abschneiden und zerbröseln. Restlichen Boden auf eine Tortenplatte setzen und mit einem Tortenring umlegen.

Belag:

1 Glas Sauerkirschen (350 g Abtropfgewicht)
40 g Kartoffelmehl
750 ml Schlagsahne
3 Pck. Sahnesteif
2 Pck. Vanillezucker
2 Beutel Eiskaffeepulver (à 40 g)

Sauerkirschen mit Saft erhitzen und mit Kartoffelmehl andicken. Etwas abkühlen lassen und auf dem Biskuitboden verteilen. Sahne mit Sahnesteif und Vanillezucker steif schlagen und das Eiskaffeepulver unterrühren. Anschließend auf die Kirschen geben und mit den Kuchenbröseln dekorieren. Eiskalt servieren!

Im Naturerholungsgebiet Holmer Sandberge, am Rande der Ortschaft Holm, zwischen Wedel und Uetersen gelegen, liegt der Rißler-Hof, der zu einem Café & Bleibe ausgebaut wurde. Er ist der ganze Stolz der zauberhaften Chefin Dörte Rißler-Gülck. Sie hat das Café mit ihrem Charme und Fachwissen voll im Griff. Hier konnte ich mich verführen lassen und eine große Auswahl an selbst gebackenen Kuchen und Torten genießen. Ich entschied mich also, dieses Café unbedingt in dem Café-Buch *Süße Augenblicke* vorzustellen. Das Café im geschmackvollen Landhausstil eingerichtet, bietet einen wunderbaren Weitblick über die Haseldorfer Marsch, und die große Terrasse lädt wahrlich zum Bleiben ein. Angrenzend an die Terrasse befindet sich eine große Weide, auf der bei unserer Fotosession viele Pferde liefen. Sie wollten wir unbedingt auf unserem Tortenfoto im Hintergrund haben. Wir fuhren zum Nachbarbauern und kauften viele Möhren, um sie anzulocken. Also bauten wir unseren Tortentisch direkt vor dem Pferdezaun auf. Die Möhren wurden auch mit Hochgenuss verzehrt, aber immer wenn Ursula auf den Auslöser drückte, liefen sie im Galopp davon. Diese Prozedur nahm uns viel Zeit, aber letztendlich gelang uns ein sehr stimmungsvolles Tortenfoto mit wunderschönen Pferden im Hintergrund, und alle waren glücklich. Zur Belohnung servierte uns Dörte dann ihre köstliche Eiskaffe-Sahne-Torte. En Hochgenuss.

Ob mit dem Auto oder dem Radl, Holm und sein Rißler-Hof sind immer einen Besuch wert.

1 Gartencafé

Frauke Köster
Hauptstr. 34–36
25764 Süderdeich
Tel.: 04833-425999
www.gartencafe.info
Öffnungszeiten:
Juni–Okt.: täglich geöffnet von 13:00–18:00 Uhr
Nov.–Mai: Do.–Mo. 13:00–18:00 Uhr
Di. u. Mi.: Ruhetag
An Oster- und Weihnachtstagen haben wir durchgehend geöffnet

2 Hof Café Groß Niendorf

Dorfstr. 29
23816 Groß Niendorf
Tel./Fax: 04552-994230
www.hofcafegrossniendorf.de
E-Mail:
info@hofcafegrossniendorf.de
Öffnungszeiten:
Sommerzeit: (Apr.–Okt.):
Mi.–So., sowie feiertags: 14:00–18:00 Uhr
Winterzeit: (Okt.–Mai):
Sa., So., sowie feiertags: 14:00–18:00 Uhr
Gruppen ganzjährig nach Absprache,
bis ca. 40 Personen.
15. Dez.–15.Jan. geschlossen.

3 Burger Fährhaus

Hotel-Restaurant-Café
Hafenstr.48
25712 Burg (Dithmarschen)
Tel.: 04825-2417
www.burger-faehrhaus.de
info@burger-faehrhaus.de
Öffnungszeiten:
1. April–31. Oktober:
tägl. 8:30–22:00 Uhr
1. November–31. Dezember:
Mo.–Do.: 15:00–22:00 Uhr
Fr.–So.: 8:30–22:00 Uhr
1. Januarhälfte Betriebsferien
2. Januarhälfte Fr.–So. 8:30–22:00 Uhr
1. Februar–31. März: Mo.–Do. 15.00–22:00 Uhr
Fr.–So. 8:30–22:00 Uhr
selbstgebrautes Bier & direkter Kanalblick

4 Café Lindauhof

Sonja Karberg
Lindauhof 4
24392 Boren
Tel.: 04641-3710
E-Mail: info@CafeLindauhof.de
www.CafeLindauhof.de
Öffnungszeiten:
März–Okt.: Mo.–Fr. 11:00–19:00 Uhr
Sa., So., feiertags: 9:00–19:00 Uhr
Nov.–Febr. Sa., So., feiertags: 9:00–19:00 Uhr
Januar geschlossen

5 Antik Café La Donna

Ruzica Boccardo
Groß Oesau 3
25551 Schlotfeld
Tel.: 04826-376007
E-Mail:
info@antikcafe-ladonna.de
www.ristorante-ladonna.de
Öffnungszeiten:
Mi.–So.: 9:00–18:00 Uhr
(individuell bei Veranstaltungen)

6 Café Katchen

Ernst-Otto Wilkens
Soesmenhusen 20
25541 Brunsbüttel
Tel.: 04852-8361360
E-Mail: info@cafe-katchen.de
www.cafe-katchen.de
Öffnungszeiten:
Mo. u. Di. Ruhetag
Mi.–So. 9:00–12:00 Uhr und 13:00–18:00 Uhr
Frühstück mit Anmeldung
Gesellschaften nach Vereinbarung

7 Hofcafé Landzauber

Sandra Seidel
Hauptstr. 35
23619 Heilshoop
Tel.: 04506-8199003
E-Mail:
mail@hofcafe-landzauber.de
www.hofcafe-landzauber.de
www.facebook.de/HofcafeLandzauber
Öffnungszeiten:
Apr.–Okt.: Mi.–Fr. 14:00–18:00 Uhr
Sa. u. So.: 9:00–18:00 Uhr
Nov.–März: Fr. 14:00–18:00 Uhr
Sa. u. So.: 9:00–18:00 Uhr
Zusätzlichen öffnen wir an Feiertagen und nach Vereinbarung

8 Café Uhrendorf

Christl Klausenitzer
Uhrendorf 1
25573 Beidenfleth
Tel.: 04829-902817
www.cafe-uhrendorf.de
kontakt@cafe-uhrendorf.de
Themenbuffet – Sweet Table – Familienfeiern
Termine nach Absprache

9 Vintage-Café Droemme Hus

Liliane Hansen
Westerstr. 3B/Ecke Schusterweg 1
24994 Weesby
Tel.: 04605-1895286
E-Mail: team@droemmehus.de
www.droemmehus.de
auch bei Facebook „Vintage-Café“
Saisonale Öffnungszeiten sind im Internet oder telefonisch zu erfragen.

10 Janbeck*s FAIRcafé

Lehbek 10
24395 Gelting OT Lehbek
Te.: 04643-185400
E-Mail: moin@janbecks.de
www.janbecks.de
www.facebook.com/janbecks-FAIRhaus/
www.instagram.com/Janbecks/janbecks-fairhaus/
de.pinterest.com/Janbecks/janbecks-fairhaus/
Öffnungszeiten des Cafés:
Sommer: (Mai.–Okt.)
täglich 11:00–18:00 Uhr
mittwochs Ruhetag
Winterzeit auf der Homepage

11 Cafe Kontor Fehmarn

Melanie Wiegel
Burgstaaken 57
23769 Fehmarn
Tel.: 0172-4507279 oder 01520-3095266
E-Mail:
cafe-kontor-fehmarn@outlook.de
www.cafekontor.de
facebook:@CafeKontor
Öffnungszeiten:
Ab Mai–Sept.: tägl. von 12:00–18:00 Uhr
Vor- und Nachsaison:
tägl. von 13:00–17:00 Uhr und nach Vereinbarung
In der Sommersaison, Feiertagen und in der Vor- und Nachsaison (Freitag–Sonntag) Brötchenverkauf und Frühstück tägl. von 7:30–11:00 Uhr
November geschlossen
Gesellschaften nach Absprache
Hunde erlaubt

12 Café Frida

Elke Lorenzen und Fabian Lorenzen jr.
Markt 13
25821 Bredstedt
Tel.: 04671-7189959
E-Mail: info@hotelcafefrida.de
www.fridas-nordseehotel.de
www.facebook.com/cafefrida
Öffnungszeiten:
Mi.–Mo. 9:00–12:00 Uhr und 14:00–18:00 Uhr
Dienstag Ruhetag

13 Landcafé Mühlenholz

Amelie Brakel
Mühlenholz 4
24598 Heidmühlen
Tel.: 0152 23327374
E-Mail:
landcafe-muehlenholz@web.de
www.landcafe-muehlenholz.de
Öffnungszeiten:
Sa.u. So.: 13:30–18:00 Uhr
Für Gruppen ab 20 Personen öffnen
wir auch gerne in der Woche.
Januar geschlossen.

14 Café Zauberbuche

Inh. Silke Richert
Dorfstr. 36
25920 Stedesand
Tel.: 04662-8911467
Mobil: 0173 2018090
E-Mail:
mail@cafe-zauberbuche.de
www.cafe-zauberbuche.de
Öffnungszeiten:
Do.–Mo.: 14:00–18:00 Uhr
Di. u. Mi.: Ruhetag
Gesellschaften nach Absprache.

15 Galerie-Café Schlossgefängnis

Inh. Karin Herbst
Rantzau 9
25355 Barmstedt
Tel.: 04123-6139
E-Mail:
info@schlossgefaengnis.de
www.schlossgefaengnis. de
Öffnungszeiten:
Apr.–Okt.: Mo.–Fr. 12:00–19:00 Uhr
Sa. u. So.: 10:00–19:00 Uhr
Nov.–März: Mi.–Fr. 12:00–18:00 Uhr
Sa. u. So.: 10.00–18:00 Uhr
Mo. u. Di.: Ruhetag

16 Café uppen Barg

Kathrin Petersen
Bergrade 4
23898 Duvensee
Tel.: 04543-888717
www.swingolf-bergrade.de
E-Mail:
info@swingolf-bergrade.de
Öffnungszeiten:
Apr.-Okt.: Mi.-So. ab 11:00 Uhr
Nov.-März: Sa. u. So. ab 14:00 Uhr

17 Café Zollhaus

Maren Nielsen
Norddeich 3
25924 Rodenäs
Tel.: 04668-9588980
www.cafe-zollhaus.eu
info@cafe-zollhaus.eu
Öffnungszeiten:
Nov.–März: Fr.–So. 14:00–18:00 Uhr
Apr., Mai, Sept Okt.: Do.–So. 14:00–18:00 Uhr
Juni, Juli, Aug.: Mi.–So. 14:00–18:00 Uhr
Für Gruppen und Gesellschaften Termine nach Absprache.

18 Café mit Sti(e)l

Gärtnerei Schröder GmbH & Co. Kg
Inh. Florian&Ulrike Albrecht
Große Str. 52
24855 Jübek
Tel.: 04625-8228493
Fax: 04625-1598
E-Mail: info@gaertnerei-schroeder-kg.de
www.gaertnerei-schroeder-kg.de
Öffnungszeiten:
Mo. Ruhetag
Di.–So.: 14:00–18:00 Uhr
Sa. u. So.: 10:00–12:30 Uhr vielseitiges Frühstücksbuffet
Jeden 1. Samstag im Monat themenbezogenes Buffet ab 18:00 Uhr
Januar geschlossen

19 Koog Café

Café und Hofladen
Berit Wilkens
Dammstr. 20
25764 Wesselburenerkoog
Tel./Fax: 04833-425885
Mobil: 0174-1778025
E-Mail: berit-wilkens@online.de
Café-Öffnungszeiten:
Mo.–Fr. 12:00–17:30 Uhr
So. 10:00–18:00 Uhr
Feiertags geöffnet
Sa., So., und feiertags Frühstück nach Anmeldung
In der Nebensaison geänderte Öffnungszeiten
Nov.–Mai dienstags Ruhetag
Landladen-Öffnungszeiten:
Mo.–So. 10:00–18:00 Uhr, auch feiertags

20 Landcafé éclair

Clare Döhring-Schogs
Koogstr. 57
25881 Tümlauer-Koog
Tel.: 04862-201609
E-Mail: info@landcafe-eclair.de
www.landcafe-eclair.de
Öffnungszeiten:
Do.–Mo.: 9:30–18:00 Uhr
Di. und Mi. Ruhetag

21 Beldorfer Mühle

Café und Mühlenlädchen
Birte Biss
Dorfstr. 19
25557 Beldorf
Tel.: 04872-586
www.beldorfer -muehle.de
E-Mail: r.biss@t-online.de
Öffnungszeiten:
Sonn- u. feiertags: 14:00–18:00 Uhr
Mit Anmeldung an allen Tagen geöffnet:
Frühstück ab 20 Personen, Kaffee & Kuchen ab 15 Personen

22 Galerie-Café Schweizer Haus

Gaststätte, Restaurant und Biergarten
Slawomir Musiolik
Düsternbrook 10
25881 Tating
Tel.: 04862-2019681
www.schweizerhaus-tating.de
Öffnungszeiten:
tägl. von 12:00-21:00 Uhr
Montag Ruhetag
Juli u. August durchgehend geöffnet

23 Café Küste

Antje Eichler
Zingelstr. 31
25704 Meldorf
Tel.: 04832-9798444
Öffnungszeiten:
ganzjährig: Di.–So. 8:30–18:00 Uhr
Montag Ruhetag

24 Hof Radlandsichten Hofcafé Bauernstübchen

23714 Malente
Tel.: 04523-1622
mobil: 0172 9295512
E-Mail: info@radlandsichten.de
www.radlandsichten.de
Öffnungszeiten:
April (bzw. zu Ostern im März) – einschl. Oktober
Do.–So.: 14:00–18:00 Uhr
sonn- und feiertags: 12:00–18:00 Uhr
Juli u. August: täglich geöffnet 14:00–18:00 Uhr
Gruppen nach Vereinbarung ab 15 Personen jenseits der Öffnungszeiten.
Hunde erlaubt

25 Café Kranz

Gabriele Walter
Koppelheck 19
24395 Niesgrau
Tel.: 04643-185356
E-Mail: willkommen@cafekranz.de
www.cafekranz.de
Öffnungszeiten:
Mai–Sept.: Di.–So. 13:00–18:00 Uhr
Okt.–Apr.: Mi.–So.13:00–18:00 Uhr

26 Bistro/Café „To'n Windbüdel"

Grebiner Mühle
Behler Weg 1+ 2
Öffnungszeiten:
Mühlen-Saison von Anfang Mai bis Mitte Oktober.
Mi.–So. und an Feiertagen: 11:00–18:00 Uhr
Erlebnisreich
Gestüt Schierensee
Grebiner Redder 30–32
24329 Grebin
Tel.: 0174 6794745
E-Mail: tina.benz@benzart.de

27 Marien-Café

Kaffeekannen-Café und Ferienwohnungen an der Flensburger Förde
Ballastbrücke 22
24937 Flensburg
Tel.: 0461-5009711
Fax: 0461-4077066
www.marien-cafe-flensburg.de
www.kaffeekannenferienwohnung.de
E-Mail:
info@marien-cafe-flensburg.de
Öffnungszeiten:
Mo.–So.: 8:00–18:00 Uhr
Alle Weihnachtstage, Silvester und Neujahr geschlossen

28 Kanal 33

Café, Pension, Biergarten
Hohenhörner Straße 33
(direkt am Fähranleger des NOKs)
25725 Schafstedt
Tel.: 04805-9014933
FAX: 04805-9014934
Mobil: 0176 10629391
E-Mail: info@kanal33.de
www.kanal33.de
Öffnungszeiten:
Jan.–März: Fr.–So. 9:00–18:00 Uhr
April–Okt.: Mo. 13:30–19:00 Uhr
Di.–So.: 9:00–19:00 Uhr
Juni, Juli u. August ist der Montag auch schon ab 9:00 geöffnet
Bei Biergartenwetter haben wir länger geöffnet
Nov.–Dez. Fr.–So. 9:00–18:00 Uhr
Die Pension hat das ganze Jahr 24/7 geöffnet, bitte beachten Sie die Einscheckzeiten.

29 Café Zur Kutscherscheune

Lindenallee 15
23883 Groß Zecher
Tel.: 04545-801
E-Mail: cafe@kutscherscheune.de
www.kutscherscheune.de
Öffnungszeiten:
Frühling u. Herbst: Do.–Mo. ab 12:00 Uhr
Sommer: tägl. ab 12:00 Uhr
Winter: Fr.–So. ab 12:00 Uhr
Frühstück nach Anmeldung

30 Alte Kaffeewirtschaft Aukrug

Doris Beyer u. Nicole Grünewald
Hauptstr. 39
24613 Aukrug
Tel.: 04873-890
www.alte-kaffeewirtschaft.de
Öffnungszeiten:
Mi.–So. 13:00–18:00 Uhr
u. feiertags, außer Weihnachten u. Neujahr
Gruppen und Feierlichkeiten gern nach Absprache.

31 Deicheck Café

Dorfstr. 1
25826 St.Peter-Ording
Tel.: 04863-9509939
E-Mail:
dagmarjensen@hotmail.de
www.dastejensen.de
Öffnungszeiten:
Sommer: Mo., Di.: 13:00–18:00 Uhr
Mi.: 11:00–18:00 Uhr
Do.–So.: 13:00–18:00 Uhr
Winter: Do.–Di.: 13:00–18:00 Uhr
Mittwoch Ruhetag

32 Café Bischofsherberge der Vorwerker Diakonie

Domhof 31 (direkt neben dem Dom)
23909 Ratzeburg
Tel.: 04541-863122
E-Mail: gaestehaus.domkloster@vorwerker-diakonie.de
Öffnungszeiten:
Fr., Sa., So.: 14:00–18:00 Uhr
Feiertage (außer Karfreitag) 14:00–18:00 Uhr
Nach Absprache können Sie das Café ab 30 Personen buchen.

33 Kaffeestuuv in de Hörn

Heike Bolten
Osterende 2
25576 Brokdorf
Tel.: 04829-9026296
Öffnungszeiten:
Jan.–Nov. Fr., Sa., So.: 14:00–18:00 Uhr
Dezember Kaffeepause
Gruppen ab 15 Personen auf Anfrage auch an anderen Tagen.
Jeden 1. Sonntag im Monat Frühstück auf Anmeldung.

34 Rißler-Hof

CAFÉ & BLEIBE
Dörte Rißler-Gülck
Im Ort 16
25488 Holm
Tel.: 04103-7019977
www.rissler-hof.de
E-Mail: info@rissler-hof.de
Öffnungszeiten:
ganzjährig: Do.–So. 14:00–18:00 Uhr
24. Dez.–bis Mitte Jan. geschlossen
Gesellschaften nach Vereinbarung
BLEIBE: 2 Doppelzimmer, 3 Einzelzimmer
€ 40,–/Nacht/Person

Unsere Cafébuch-Reihe

Band 1
ISBN 978-3-8042-1237-4

Band 2
ISBN 978-3-8042-1271-8

Band 3
ISBN 978-3-8042-1328-9

Band 4
ISBN 978-3-8042-1353

Unsere Sondereditionen

ISBN 978-3-8042-1388-3

ISBN 978-3-8042-1400-2

ISBN 978-3-8042-1421-7

ISBN 978-3-8042-1440-8

Band 5
ISBN 978-3-8042-1379-1

Band 6
ISBN 978-3-8042-1392-0

Band 7
ISBN 978-3-8042-1409-5

Band 8
ISBN 978-3-8042-1431-6

Band 9
ISBN 978-3-8042-1453-8

Band 10
ISBN 978-3-8042-1476-7

BOYENS
BUCHVERLAG

Die Autorin

Marion Kiesewetter, Schauspielerin und TV-Moderatorin, in Hamburg geboren, wurde als Köchin durch die TV-Sendungen *Bi uns to Hus*, N 3, *Sonntagskonzert* und Johannes B. Kerners Kochsendung im ZDF bekannt. Ihre ebenfalls im Boyens Buchverlag erschienenen Kochbücher *Fürstliche Menüs – Schleswig-Holstein*, *Fürstliche Menüs – Niedersachsen*, *Fürstliche Menüs – Mecklenburg-Vorpommern*, *Obst aus norddeutschen Gärten*, *Salatexpress*, *Aufgefischt I + II*, *Das isst der Norden*, *Auf Krabbenfang*, *Kohl!* und *So kochen wir* entstammen der norddeutschen Region mit ihren erstklassigen kulinarischen Angeboten.
Besonders beliebt sind die Café-Bücher der Autorin. Bereits erschienen: *Eine Sünde wert …* (1), *Kann denn Süßes Sünde sein?* (2), *Nur Süßes im Sinn* (3), *Süße Augenblicke* (4), *Süßes für die Seele* (5), *Auf die süße Tour* (6), … aber süß muss es sein (7), *Hier gibt's Süßes* (8), Süß und verführerisch (9), Süßes zum Anbeißen (10)*Winterlich Süßes, Lust auf Frühstück*, *Süße Seelentröster* und *Frühstück auf dem Lande*.

Die Fotografen

Ursula Sonnenberg und ihr Mann Hans Dieter Kellner durchliefen beide eine Ausbildung zu Fotografen, sie mit einer Lehre, er auf der bekannten Münchner Akademie für Fotografie. Seit Jahrzehnten arbeiten sie im gemeinsamen Hamburger Studio an getrennten Aufgaben – sie mit Food für Werbung und Verlage, er kreativ und technisch für die Industrie.
In Zusammenarbeit mit Marion Kiesewetter fotografierten sie bisher für den Boyens Buchverlag *Aufgefischt I + II*, *Das isst der Norden*, *Kohl!*, die komplette Cafébuch-Reihe 1 bis 10 sowie *Winterlich Süßes*, *Lust auf Frühstück* *Süße Seelentröster* und *Frühstück auf dem Lande*.

Register der Cafés